国家自然科学基金项目（72363023）
研究阐释党的二十大精神江西省社会科学基金专项课题（22ZXQH35）
中国博士后科学基金面上资助项目（2021M691355）

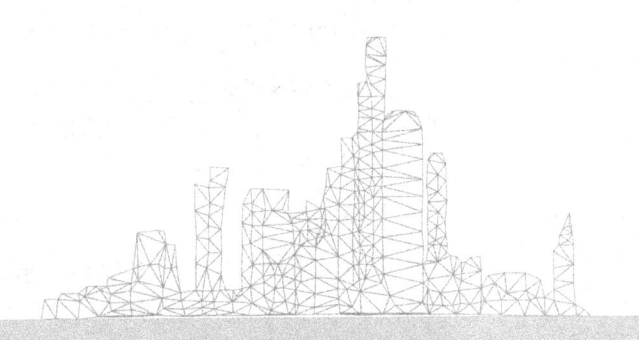

自由贸易区的经济增长效应研究

——以"创新驱动"为视角

赵 亮 陈淑梅◎著

ZIYOU MAOYIQU DE
JINGJI ZENGZHANG XIAOYING YANJIU

企业管理出版社
ENTERPRISE MANAGEMENT PUBLISHING HOUSE

图书在版编目（CIP）数据

自由贸易区的经济增长效应研究：以"创新驱动"为视角/ 赵亮，陈淑梅著 . —北京：企业管理出版社，2024.6.
ISBN 978-7-5164-3079-8

Ⅰ.F752

中国国家版本馆 CIP 数据核字第 2024LF7869 号

书　　名：	自由贸易区的经济增长效应研究——以"创新驱动"为视角	
书　　号：	ISBN 978-7-5164-3079-8	
作　　者：	赵 亮　陈淑梅	
责任编辑：	赵喜勤	
出版发行：	企业管理出版社	
经　　销：	新华书店	
地　　址：	北京市海淀区紫竹院南路 17 号　　邮编：100048	
网　　址：	http：//www.emph.cn	
电子信箱：	zhaoxq13@163.com	
电　　话：	编辑部（010）68420309　发行部（010）68701816	
印　　刷：	北京虎彩文化传播有限公司	
版　　次：	2024 年 6 月第 1 版	
印　　次：	2024 年 6 月第 1 次印刷	
开　　本：	710mm×1000mm　1/16	
印　　张：	14.25 印张	
字　　数：	180 千字	
定　　价：	68.00 元	

版权所有　翻印必究·印装有误　负责调换

前　言

　　经济增长的驱动力问题一直是经济学领域的热点话题，尤其是在经济增长"遇冷"之际，对驱动力问题的研究更显迫切。在当前全球经济整体低迷的大背景下，各经济体都在努力寻找新的经济增长驱动力和增长点，以刺激经济"回暖"。受全球经济复苏艰难，以及国内传统三大驱动力不足等内外部因素的影响，我国经济呈现出新常态，重要特征之一就是经济从高速增长降为中高速增长，经济下行压力逐年增大，因此为我国经济增长寻找新的驱动力刻不容缓。本书着眼于全球第五波区域经济一体化浪潮下各经济体都十分关注的自由贸易区（以下简称自贸区），以自贸区为研究对象，从理论和实证两方面全面探究我国自贸区的经济增长效应，试图得出自贸区对我国经济增长的实际影响，以及验证自贸区能否构成驱动经济增长的一种新的有效驱动力，以期为我国培育新的经济增长点提供决策参考。

　　本书首先从理论层面对自贸区的经济增长效应进行了分析。在文献评述和理论演进研究的基础上，借助前人的研究构建了自贸区驱动经济增长的数理推导模型，并提出了自贸区驱动经济增长的静态和动态作用机制。数理推导模型结果表明，两国建立自贸区的自由化范围仅限于最终产品贸易时，对自贸区成员的经济增长不利，自贸区只有提高包括最终产品和中间产品在内的产品自由化和便利化，才会对经济增长起到驱动作用，而我国的自贸区建设都涉及最终产品和中间产品的自由化。作用机制分析表明，自贸区会通过贸易红利机制、福利效应机制、投资红利机制、规模效应机制、竞争效应机制和技术效应机制等静态和动态作用机制，分别或者联合对经济增长产生驱动影响。本书通过构建数理模型和分析作用机制提出了自贸区驱动经济增长的原理和机制，夯实了理论根基。

实证分析主要采用引力模型及GTAP的方法进行事后验证和事前模拟研究，其中，运用扩展的贸易引力模型和经济总量扩大模型的实证分析结果都表明，与经济发达自贸区伙伴、经济欠发达自贸区伙伴和全部自贸区伙伴签署了协定的自贸区均会在不同程度上对我国经济增长产生正向的驱动作用。运用GTAP模型对正在谈判和正在研究的自贸区的经济增长效应进行了研究，研究结果均表明，正在谈判和正在研究的自贸区在达成后会对我国的对外贸易、经济总量和社会福利水平产生驱动作用，进而通过对外贸易增长、经济总量扩大和社会福利水平提高驱动经济增长，但这些自贸区达成后对我国经济增长的驱动力并不一定会大于对同一自贸区伙伴经济增长的驱动力。此外，无论是正在谈判的自贸区，还是正在研究的自贸区，均存在自贸区达成的数量越多、贸易自由化和便利化水平越高对经济增长的驱动力越大的情况，但正在谈判的自贸区达成后对我国的贸易条件有可能带来不利影响，正在研究的自贸区的GTAP模拟未发现会造成我国贸易条件恶化的情况。

本书不仅丰富了自贸区驱动经济增长的研究视角，而且通过理论和实证分析，在研究内容，尤其是研究结论上

前　言

带来创新：得出了"自贸区驱动经济增长"的新思路和新设想。"自贸区驱动"的提出也修正了"三驾马车"驱动经济增长的传统观念。

此外，结合研究结论和我国自贸区发展的大方向、主要动态，本书提出了坚持五项发展原则、把握"一体两翼"区域布点、充分利用既有基础、与时俱进优化谈判内容、引领全球经贸新体系制定，以及"双轮驱动"自贸区发展的自贸区发展政策建议，以便更好地发挥"自贸区驱动经济增长"的效能。

感谢为本书写作及出版提供帮助的同事、编辑，限于笔者水平，不足之处难以避免，恳请指正。

赵亮　陈淑梅
2023 年 12 月

目 录

第一章 绪 论 / 1

一、选题背景 ·· 2
二、选题意义 ·· 6
三、概念界定 ·· 8
四、研究思路和构架 ·· 15
五、创新点 ··· 18

第二章 文献综述 / 20

一、自贸区影响成员经济增长的相关研究 ············· 20
二、我国自贸区经济增长效应的相关文献 ············· 27
三、文献评述 ·· 36

第三章 自贸区经济增长思想的理论演进 / 38

一、渊源：自由贸易的经济增长思想 ···················· 38
二、基石：关税同盟理论的经济增长思想 ············· 43
三、提出：自贸区理论的经济增长思想 ················ 56
四、本章小结 ·· 60

第四章 自贸区驱动经济增长的数理模型及作用机制探究 / 61

一、数理模型构建 ·· 61
二、作用机制分析 ·· 70
三、本章小结 ·· 85

第五章 我国自贸区发展及其与经济增长的关系分析 / 86

一、引言 ………………………………………………… 86
二、我国自贸区整体发展情况 ………………………… 87
三、我国自贸区与经济增长的互动关系 ……………… 101
四、本章小结 …………………………………………… 102

第六章 我国已签署协定自贸区驱动经济增长的实证研究 / 104

一、引言 ………………………………………………… 104
二、已签自贸区情况简析 ……………………………… 104
三、引力模型实证 ……………………………………… 106
四、本章小结 …………………………………………… 122

第七章 我国正在谈判的自贸区驱动经济增长实证模拟 / 123

一、引言 ………………………………………………… 123
二、正在谈判的自贸区概述 …………………………… 124
三、GTAP 模拟研究 …………………………………… 129
四、实证总结 …………………………………………… 153
五、本章小结 …………………………………………… 154

第八章 我国正在研究的自贸区驱动经济增长实证模拟 / 156

一、引言 ………………………………………………… 156
二、正在研究的自贸区简述 …………………………… 157
三、GTAP 模拟研究 …………………………………… 159
四、实证总结 …………………………………………… 170
五、本章小结 …………………………………………… 171

第九章　研究总结　/ 173

　　一、研究结论 ·· 173
　　二、政策建议 ·· 176
　　三、研究展望 ·· 185

参考文献　/ 187

　　一、英文文献 ·· 187
　　二、中文文献 ·· 198

第一章 绪 论

放眼全球经济形势，随着 2009 年国际金融危机高潮渐渐退去，世界经济步入了一个缓和与动荡并存的深度调整时期。但国际金融危机的深层次影响仍在持续，"次贷危机"尚存的"余震"仍在困扰着全球经济，导致全球经济复苏乏力，只能在曲折进程中艰难复苏。而新冠疫情又给全球经济增长蒙上了新的阴影，进一步加剧了消极影响。

在此国际大背景下，我国经济也难以"独善其身"。自 2012 年以来，中国经济增速连续跌破 8%，2014 年增速只有 7.4%，延续着 2012 年和 2013 年经济滑落的颓势，并创下自 1991 年以来的最低值，比 1999 年 7.6% 的经济增长率还低 0.2 个百分点，此后整体更是一路走低，2023 年的经济增速已经跌至 5.2%，[①] 由此可知我国经济增速正在明显放缓，经济下行压力逐年增大，而且尚无明显"回暖"迹象。传统意义上驱动我国经济增长的"三驾马车"——消费驱动、投资驱动和出口驱动，目前都无法担负起驱动我国经济新一轮增长的重任，对经济的驱动都显得乏力，表现在内需疲软依旧，对经济的刺激和拉动仍然不强；投资驱动正面临经济结构和增长方式的调整；出口也面临着复杂多变和持续低迷的国际经济环境。此外，"人口红利""入世红利"等刺激我国经济增长的"红利"也在随着时间的流逝和政策的变动渐失"活力"。因此，要实现我国经济增长"回暖"，成功打造经济"升级版"，亟须寻找新的有效经济增长驱动力。

---

① 根据我国国家统计局公布的数据整理而得。

自 2002 年我国首个自由贸易区（Free Trade Area，FTA，以下简称自贸区）——中国—东盟[①]自由贸易区（China-ASEAN Free Trade Area，CAFTA，以下简称中国—东盟自贸区）启动谈判以来，自贸区建设就开始逐步成为我国对外开放的重点内容。如今我国的自贸区建设迎来了极好的内外部发展机遇，经济增长正稳步踏入"自贸区时代"，这引起了学者们的大量关注和研究兴趣。尽管国内外学者，尤其是国内学者占据"地利"的研究优势，对自贸区建设的各方面效应，尤其是经济效应进行了大量研究，但学界对于自贸区建设会给我国的经济增长带来什么样的影响，以及对经济增长的影响体现在哪些方面尚无定论，依然众说纷纭、莫衷一是。鉴于此，本书着眼于我国自贸区建设的全局，以自贸区的经济增长效应为研究对象，系统和归类分析处于不同发展和谈判阶段的诸多自贸区对我国经济增长的总体影响、影响途径及影响强度，旨在验证"自贸区驱动"能否成为我国经济增长的一种新动力，为减轻我国经济下行压力及驱动今后的经济增长发掘新思路。

一、选题背景

本书有较强的时代背景和现实背景。当今全球经济形势依然复苏艰难，我国经济也呈现出由高速增长转入中高速增长的新常态；[②] 全球多边贸易谈判已经陷入谈判僵局，但国内外自贸区发展都迎来新一波高潮，引发了对新一代经贸规则制定权的激烈争夺；我国对自贸区战略高度重视，但缺乏相应的学术支撑。具体的选题背景阐述如下。

[①] 东盟是东南亚国家联盟（Association of Southeast Asian Nations，ASEAN）的简称。
[②] 习近平总书记在 2014 年 APEC 工商领导人峰会上指出新常态有三个表现特征：首先是经济增长从高速增长转为中高速增长，其次是经济结构不断优化升级，最后是从要素驱动、投资驱动转向创新驱动。

（一）低迷的内外部经济环境

1. 全球经济艰难复苏

自2007年"次贷危机"引发国际金融危机至今，全球经济仍然处于艰难复苏阶段，特别是2014年世界经济仍未有明显回暖复苏的势头，大部分发达经济体和新兴经济体尚未走出危机阴霾，均在努力摆脱经济增长颓势。2020年新冠疫情突袭进一步加剧了全球经济增长的消极态势，从国际经济形势来看，欧盟和日本的经济复苏依然未知，经济增长前景不明朗；美国经济增长复苏较快，但是否将继续保持这一复苏趋势有待观察；俄罗斯等发展中经济体和新兴市场的经济也呈低迷态势，我国经济增长已呈现出新常态，经济增长下行压力不断加大。

2. 我国经济增长已呈现新常态

在外部全球经济组织的经济艰难复苏的大环境和复杂多变的国际背景下，我国经济增长下行压力不断增大。根据国家统计局公布的数据，我国经济增速从2010年的10.4%总体上一路下滑至2023年的5.2%，这表明经济增长放缓，颓势明显，经济发展预期前景不乐观。尽管2014年我国的经济总量首次突破十万亿美元大关，成为继美国之后全世界第二个进入"十万亿美元俱乐部"的经济体，但经济增长速度持续下滑、经济增长动力不足已成为客观事实。

（二）多边谈判受挫

领导全球进行多边贸易谈判是世界贸易组织（World Trade Organization，WTO）的重要职能之一，但WTO主导进行的多边贸易谈判越来越处于举步维艰的境地。目前WTO主导的多边谈判已经有9次，在最后的3次多边谈判中，明显出现了谈判时间冗长、争议较大和中止瘫痪的僵局，第七轮多边贸易谈判（东京回合谈判）和第八轮多边贸易谈判（乌拉圭回合谈判）分别历时长达 6 年和 7 年，最近的一次多哈回合谈判自 2001 年开始，至今都未谈判成功，原本预计 2004 年年底结束谈判，但截至 2005 年年底仍未能达成协议，最终于 2006 年 7 月 22 日在 WTO 总理事会的批准下正式中止。为了挽救和重启多哈回合谈判，WTO 曾提出的"复活节方案"和一些成员提出的优先达成一个简易版成果方案的"早期收获协定"也均失败，多哈回合谈判已经彻底瘫痪。

随着谈判议题的增多（从关税议题扩展到非关税议题、从货物贸易扩展到投资贸易和服务贸易等领域、从经济贸易议题扩展到非经济领域议题）和谈判成员的增多（从前几轮的二三十个谈判方增加到乌拉圭回合谈判的近 130 个谈判方），达成一致的难度也骤然增加。从前几轮回合谈判在一两年就能达成一致，到第八、九轮谈判历时 7 年完成，甚至最终瘫痪停滞的坎坷历程，表明 WTO 主导的多边谈判正在遭受越来越大的挫折，已经进入了一个"死胡同"。但与此同时，双边、区域、跨区域和广域[①]的区域经济一体化却在如火如荼地进行，吸引了全球众多经济体的注意力，这也引发了对"垫脚石"和"绊脚石"问题的大讨论。

（三）自贸区发展更受重视

在全球性的多边贸易谈判停滞不前和全球经济整体持续低迷的双重压力下，全球各经济体除在本国内部积极推行生产转型、结构改革，以驱动经济智能增长、创新增长，同时对外纷纷根据自己的实际情况积极寻找新的经济增长驱动力，比较一致的做法就是打造一个又一个的自贸区。各经济体已经深刻地意识到，任何一个经济体靠单打独斗是远远不够的，必须以共同行动应对危

---

① 何力（2011）首次提出了广域经济一体化的概念。本书发展了这一概念，认为广域一体化是指今后的多边区域经贸合作将越来越不再局限于以往的次区域、区域或洲际的地理范围，即便地理位置不相邻的国家或地区，也逐渐开始进行经贸合作。广域一体化有别于跨（区）域一体化，前者侧重指多边区域经贸合作，后者还包括双边区域经贸合作。

机和挑战，加强区域间的经济合作，联合起来才能有效增强预防和抵御国际金融危机冲击的能力。各经济体都希望通过合作来推动自身的经济增长。正如东盟前秘书长素林所指出的那样：区域合作才是应对全球性金融危机的良策。各经济体正试图通过自贸区的"天然"优势（优势互补、互通有无和扩大市场等）刺激本国经济增长，以求"抱团取暖"抵御经济"寒冬"，国际自贸区发展由此又迎来一波发展新高潮。

在我国，自贸区发展也越来越受重视。党的二十大报告、《中华人民共和国国民经济和社会发展第十四个五年规划和2035年远景目标纲要》等均明确提出，要扩大面向全球的高标准自贸区网络、构建高标准自贸区网络等，显示了国家对力推自贸区建设的决心。

（四）新一代经贸规则制定权争夺

现如今，欧美等老牌经济强国在国际经济舞台上的话语权已经被削弱，乌拉圭回合谈判和多哈回合谈判的艰难历程就是例证。老牌经济强国的经济贸易利益和比较优势无法在既有的经济平台上得到发挥和体现，于是美国在2008年加入并主导了原本只有4个小国参与的在世界经济舞台上名不见经传的跨太平洋伙伴关系协定（Trans-Pacific Partnership Agreement，TPP），并竭力将其打造成为整个亚太地区，乃至全球的标杆性自贸区。2022年开始，美国又在力推"印太经济框架"（Indo-Pacific Economic Framework，IPEF）谈判，试图借助这些组织重塑世界贸易规则，维护其经济增长的利益和全球经济的"一级轴心"地位，继续主宰新一代世界经济贸易的"游戏规则"。

（五）新常态下经济决策亟须学术支撑

现阶段，我国经济增长已呈现出新常态。新常态的重要特征之一就是对经济增长的驱动正从要素驱动、投资驱动转向创新驱动,但创新驱动是一个笼统概念,具体应有哪些创新驱动形式,需要学术界进行相关研究。基于目前国内对于自贸区战略的支持、推动和宣传达到前所未有的力度和密度,因此发展自贸区能否作为创新驱动的一种类型,需要进行论证。由于国内外学者对自贸区的经济增长效应的效果莫衷一是,而且学术界也缺乏从宏观上对我国自贸区驱动经济增长的研究和把握,在内需驱动依然无法"挑大梁"、投资驱动需要进行调整和外需驱动疲软低迷的背景下,研究我国自贸区经济增长效应情况显得十分迫切,国家经济决策亟须这方面的学术研究支撑。

二、选题意义

本书从自贸区视角切入,研究其驱动经济增长的效应问题,将自贸区与经济增长紧密联系起来,既可以为我国经济增长挖掘新动力,又可以为我国自贸区的快速发展提供经济基础,具有双重意义。对我国自贸区驱动经济增长的效应进行研究,对世界其他经济体走出经济困境也有一定的借鉴意义,而且可以充实自贸区经济增长效应的理论研究,对国家政策决策也有参考意义。具体的选题意义表现在以下三方面。

(一) 经济层面

1. 有利于为进入新常态的我国经济寻找新的增长点和驱动力

根据徐康宁(2013)的分析,目前中国经济增长的瓶颈包括资源与能源供应不充足、出口的增长动力萎缩,以及投资机会逐渐减少等方面,而自贸区建设通过扩大资源市场、销售市场和资本市场规模,能够切实缓解或不同程度地解决上述发展问题。通过自贸区建设有望释放自贸区红利,进而驱动经济增长,最终成功打造经济的"升级版",掀起经济的新一轮增长,对于避免我国经济发展落入"中等收入陷阱"和持续稳定增长具有重要意义。此外,由于我国经济在2008年国际金融危机后逐步进入新常态，2012年经济新常态开始确定，经济增长率从2011年的9.3%下降到2023年的5.2%。经济增长由高速增长降为中高速增长，我国从多方面着手寻找新的驱动力来驱动经济"回暖"增长，而本书的研究正好能满足这一现实经济需求。

2. 对于承上启下并实现"两个一百年"奋斗目标意义重大

研究我国自贸区的经济增长效应，有利于稳定和驱动经济增长，保质保量完成"十四五"规划的目标，并为"十五五"规划发掘新的经济驱动力。此外，对于我国实现"两个一百年"奋斗目标并最终实现"中国梦"也具有重大意义。因此本书的研究具有显著的时代意义和现实意义。

（二）国际层面

目前全球区域经济一体化正处于新一轮重构中，我国的自贸区发展面临着重大挑战和机遇，因此本书的研究具有国际层面的研究意义，具体表现在以下两方面。

（1）有助于更好地迎接TPP、TTIP等谈判的挑战。面对TPP、TTIP等新一代高质量、高标准自贸区谈判发展的咄咄逼人之势，我国需要通过建设、布局和规划自贸区发展来提高我国在国际经济舞台上的话语权和影响力，拓展经济发展空间，构建开放型经济新体制，为21世纪新一代国际贸易规则的制定贡献自己的力量。这对于维护我国经济贸易发展利益、提高我国经济贸易竞争力、营造和谐的对外伙伴关系，以及实现自贸区战略目标等都具有重要意义。

（2）对于更好地抓住全球经济贸易体系构建的良好机遇有较大意义。当前，世界各国纷纷寻求区域经济合作，合作领域不断拓展，合作关系不断深化，世界经济贸易体系正在进行深刻重构和变革,新一代贸易规则和体系正在各个高水平的自贸区谈判中得到充分体现,我国的自贸区也面临着发展的重大机遇。因此本书的研究对于我国顺应世界自贸区发展新趋势、掌握国际经济贸易新要求、及时调整自贸区政策并抓住世界经济贸易体系重构的这一发展机遇,以便在新一代贸易规则的制定中有所作为,争取制定符合本国和广大发展中经济体利益的规则意义较大。

此外,国际层面的研究意义还体现在有利于优化我国对外贸易布局。现阶段全球经济形势并不乐观,主要贸易伙伴经济形势参差不齐,但总体低迷,这些贸易伙伴的外需不足直接对我国出口带来不利影响并最终拉低了我国的经济增长。因此本书的研究对于借助自贸区平台合作多点布局,实施市场多元化战略,分散市场风险、拓宽合作领域有较大意义。

(三) 决策层面

在新常态下,对经济增长的驱动正从要素驱动、投资驱动转向创新驱动,创新驱动亟须新的思路和动力。本书关于自贸区驱动经济增长效应的理论和实证研究正好可以为我国经济增长提供自贸区驱动方面的决策基础、思路和依据。这对于创新经济增长模式、进一步推动经济体制创新,以及倒逼国内改革都具有重要决策意义。同时本书的研究也可以为我国下一步的深入开放、改革及政策调控提供决策参考,可以更好地保证决策的及时性和正确性。还可以为调整以投资驱动为主的经济增长方式的决策,以及为正处于新旧动力"衔接期"的中国经济提供自贸区驱动力方面的参考,特别是对于我国自贸区经济增长效应的研究结论和政策建议可为我国的深入开放和坚持自贸区战略提供一些思路和借鉴。

三、概念界定

本书重点围绕自贸区的概念,对与自贸区紧密相关的概念进行区别和分析，以便更好地突出研究核心和重点，明确研究主体。

（一）经济合作和经济一体化

经济合作和经济一体化两个提法之间是包含与被包含的关系，经济一体化是经济合作的重要表现形式，两者间的根本区别在于是否存在经济主权的让渡。

按照张彬等（2009）的分析，经济合作表示国际或某一区域、跨区域范围内的一些经济体为达到相同目标而采取的共同活动，但未涉及任何形式的主权让渡。根据合作区域范围的不同，可分为国际（或世界、全球）经济合作和区域经济合作。由于不涉及主权让渡，因此通过国际或区域经济合作而形成的组织通常都是仅具有合作论坛性质的非约束性的经济组织，诸如经济合作与发展组织、亚太经济合作组织、博鳌亚洲论坛、上海合作组织及金砖国家峰会等。经济合作的各种类型不是本书研究的问题，故不做详述，仅为区别经济一体化而做必要解释。

经济一体化最早是由 Heckscher（1935）提出的，Tinbergen（1954）和 Robson（2001）等对经济一体化进行了拓展研究，而 Tinbergen 还将经济一体化划分为消极一体化和积极一体化两种贸易自由化程度高低不同的类型。国际上比较权威的经济一体化定义是由 Balassa（1961）给出的，他认为经济一体化实际上就是各经济体相互之间不存在歧视对待和差别待遇的一个过程和状态。再综合国内一些学者的相关观点，可以将经济一体化定义为：两个或两个以上的经济体通过政府间让渡一定甚至更多的经济主权，以具有法定效力的条约约束和规定，减轻乃至消除相互之间的经济交往障碍和差别待遇，提高经济自由化和便利化程度的制度性安排。经济一体化同经济合作一样，也可以根据一体化区域范围的不同分为国际（或世界、全球）经济一体化和区域经济一体化。

由此可知，区域经济一体化是经济一体化的重要组成部分，从经济一体化发展而来。此外，需要特别强调的是，随着区域经济一体化的发展，"区域"的概念已经超出了传统意义上的具有地理意义的范畴，不属于同一区域、地理位置不相邻的经济体之间的各类跨区域经济合作也在蓬勃发展中。因此本书中的区域经济一体化不仅指地理位置相近的区域经济合作，还包括跨区域和广域的经济一体化，但不包括次区域的经济一体化。跨区域和广域经济一体化也被统称为区域经济一体化。

（二）区域经济一体化与自贸区

区域经济一体化与自贸区的关系可以从区域经济一体化分类中找到答案。通过查阅文献可以发现，国内外学者按照合作水平和开放程度对区域经济一体化做出的分类大同小异。Lipsey（1957）按照合作层次自高到低将区域经济一体化分为完全经济一体化、经济同盟、共同市场、关税同盟、自贸区及特惠关税区六大类。Balassa（1961）认为经济一体化的形态有五种，按照一体化程度由低到高依次为自贸区、关税同盟、共同市场、经济同盟和完全的经济一体化。Robson（2001）认为区域经济一体化的类型有关税同盟、自贸区、共同市场、货币联盟，以及经济与货币联盟等。此外，WTO还对区域经济一体化进行了分类，认为可分为经济一体化、关税同盟、自贸区和优惠贸易安排四种形式。[①]

国内学者也对区域经济一体化分类进行了研究。其中，伍贻康和周建平（1994）将区域性的国际经济一体化划分为自由贸易区、关税同盟、共同市场和经济联盟四种形式。谷源洋（2004）按照制度化程度和阶段的高低，将区域经济一体化自高到低分为

---

① 资料来源：WTO网站，https://www.wto.org/english/tratop_e/region_e/scope_rta_e.htm，http://rtais.wto.org/ui/publicsummarytable.aspx。

完全的经济一体化、经济联盟、共同市场、关税同盟和自贸区。曹亮（2006）、黄卫平（2009）按照贸易壁垒的撤销程度由低到高将区域经济一体化分为优惠贸易安排、自贸区、关税同盟、共同市场、经济同盟及完全经济一体化。宋岩（2007）将区域经济一体化分为部分特惠贸易区、自贸区、关税同盟、共同市场、单一市场、经济联盟、货币联盟和财政联盟。

目前较为流行和公认的分类方法，[①] 也是本书采用的分类方法，即根据区域经济一体化市场融合情况和自由化水平的高低，自高到低划分为六类：完全的经济一体化、经济同盟、共同市场、关税同盟、自贸区和优惠性贸易安排。

由上述分析可知，在国内外学者的各种分类中，都将自由贸易区作为区域经济一体化的类型之一。因此区域经济一体化与自贸区也是包含与被包含的关系，尽管在区域经济一体化的分类中，自贸区是自由化水平和开放程度较低的一种类型，但自贸区却是当今发展最迅速和最普遍的一种区域经济一体化形式。

（三）自贸区与关税同盟

自贸区和关税同盟是区域经济一体化发展过程中的两个重要阶段。根据关于区域经济一体化分类的分析可知，绝大多数学者认为关税同盟比自贸区高一个等级（Robson除外），因此两者在发展阶段、合作层次及制度安排上都有不同程度的差别。

关税同盟是一种在成员内部实行免关税政策的自由贸易，对区域外执行统一的关税政策，并按照一致同意原则分配关税收入的区域经济一体化类型。而自贸区是一种在成员内部实行免关税政策，但对区域外仍执行各自的关税政策的区域经济一体化类型。因此两者的根本区别在于自贸区的各个伙伴成员对外关税自

[①] 关于区域经济一体化的形式，不同的学者依据不同的划分标准，上述分类是主流的分类方法。但也有学者如汤碧（2004）、曹亮（2006）从组织形式、一体化的范围等方面进行分类，由于这些分类未明确涉及自贸区的概念，因此本书不做赘述。

主决定，不像关税同盟的各参与方要做统一对外关税的要求，因此在自贸区中会涉及原产地规则的谈判和界定问题，而在关税同盟内部各成员制定统一的对外关税，会涉及更多经济主权的让渡问题。

此外，在本书的理论演进部分会涉及关税同盟的专门理论和自贸区的专门理论，因此本部分对自贸区和关税同盟进行辨析很有必要，这有助于加深对自贸区理论和关税同盟理论的理解。

（四）自由贸易区和自由贸易园区[①]

本研究的对象是自由贸易区，但自由贸易区和自由贸易园区是极易混淆的两个专业学术名词，后者经常也被不严谨地简称为自贸区，极易引起误解。尽管仅一字之差，并且两个词之间的某些特征是相同的，但两者之间的不同之处很多。

为了便于正确理解自由贸易区的内涵，在党的十七大明确将"自由贸易区战略"升格为国家级战略之后，我国商务部和海关总署在2008年曾发布了关于规范"自由贸易区"表述的函，[②] 对自由贸易区做了详细的规范表述，亦对自由贸易园区（Free Trade Zone，FTZ）进行了介绍，这是迄今为止我国对自由贸易区和自由贸易园区的概念及区别做出的权威的官方解释。解释中明确说明由于FTA和FTZ都可以直译为自由贸易区，为便利实践和科研工作，规定将FTA译为自由贸易区，FTZ译为自由贸易园区。

根据中国自由贸易区服务网公布的数据，截至2017年11月，我国已经拥有正式签署自贸协定的14个自贸区，这些自贸区均覆

[①] 在我国，自由贸易园区又被称为自由贸易试验区，比如中国（上海）自由贸易试验区。

[②] 《商务部 海关总署关于规范"自由贸易区"表述的函》，发布文号为商国际函〔2008〕15号。

盖我方[①]和自贸区伙伴方的全部关税领土。自由贸易园区在我国又有自由贸易试验区（以下简称自贸试验区）的称谓，我国首个与"自由贸易园区"完全对应的小块区域是中国（上海）自由贸易试验区，第二批自由贸易试验区已经批准在津闽粤特定区域建设。我国的自贸试验区也属于海关特殊监管的区域，在其设立之前，国内已经存在七种类型的海关特殊监管区域（保税港区、综合保税区、保税区、出口加工区、保税物流园区、跨境工业区及出口加工区B区），但它们均不属于自贸园区或自贸试验区的范畴，自贸试验区已经成为目前国内开放程度和层次最高、优惠政策最多、监管程度最弱和优惠功能最全的一种海关特殊监管区域类型。

相对于2013年中国（上海）自贸试验区的挂牌成立标志着自贸园区在我国的正式起步，自贸区的发展可以追溯到2002年我国开始谈判的首个自贸区——中国—东盟自贸区。截至2017年11月，我国已经成立了22个自贸园区。

自由贸易区和自由贸易园区的异同如表1-1所示。

表1-1 FTA与FTZ的相同点和不同点

相同点	属性方面	都是促进经济贸易交往的优惠措施
	贸易自由化方面	都致力于关税削减和消除
	贸易便利化方面	都致力于降低非关税壁垒
	成立个数方面	可以与诸多经济体达成多个FTA；在一个经济内可以成立多个FTZ

---

① 我国的关税领土不含香港、澳门和台湾三个地区。

续表

不同点	适用对象	FTA	签署协定的各个自贸区伙伴
		FTZ	对全球各经济体一视同仁
	应用范围	FTA	达成 FTA 的各个经济体的全部区域①
		FTZ	仅 FTZ 小块区域
	签署对象	FTA	其他经济体
		FTZ	在本国境内的小块区域
	经济发展水平	FTA	可能是发达经济体或欠发达经济体
		FTZ	经济贸易发达地区，至少是本国经济贸易发达地区
	数量个数	FTA	相对更多
		FTZ	相对较少
	层次	FTA	属于区域经济一体化的类型之一，开放和合作层次低
		FTZ	属于海关特殊监管区域的一种，属于高层次开放，比其他海关特殊监管区域开放程度更高、更全面

由表 1-1 可知，自贸区和自贸园区两者存在四个相同点和六个不同点，即在相同点的基础上体现出更多的不同点。其中相同属性是主要相同点，即都是促进经济贸易自由化和便利化的优惠经济手段；适用对象不同是根本区别所在，即自贸园区对全世界任何地区的经济体的进口都执行一样的优惠政策，而自贸区为避免贸易偏转的发生，实行原产地规则，也就是只对原产于自贸区伙伴的货物贸易等往来执行优惠政策。

（五）自贸区驱动与出口驱动

自贸区驱动是我国推行自贸区战略所产生的一种"自贸区红

---

① 但也有例外，例如我国达成的自贸区涉及我国的区域仅指大陆地区，不包括香港、澳门和台湾地区。

利"，验证其是不是有效驱动我国经济增长的一个增长点和驱动力正是本书研究的焦点。但需要强调指出的是，自贸区驱动不同于"三驾马车"中的出口驱动，两者有联系，但更多的是区别。两者的联系在于：都有通过发展出口贸易来拉动经济增长的经济目的，自贸区能够为出口贸易提供更加广阔的市场、更加自由和便利的环境，以及更加顺畅的出口通道等，与某个经济体出口贸易的快速发展也能为与其建立自贸区提供坚实的贸易基础和更大的可能性。但自贸区驱动比出口驱动涵盖的内容更丰富、发展意义也更大。根据自贸区谈判涉及的内容可知，其不仅涉及货物贸易、投资、服务贸易等传统经济领域，还包括政府采购、海关程序、知识产权、人员流动、品牌合作、环境保护、劳工标准、国有企业和竞争政策等非经贸领域的"21世纪新议题"。此外，自贸区合作对于促进各成员相互之间的政治友好、意识形态了解以及教育文化发展等也大有裨益，这些都可以为经济增长提供良好、稳定、和谐的外部大环境。总之，自贸区对经济增长的驱动作用是基于多方面、多维度的，这是出口驱动所无法实现的。

四、研究思路和框架

本研究紧紧围绕"自贸区的经济增长效应"展开，重点从理论和实证两方面展开论述，符合学术著作写作要"顶天立地"的要求。首先介绍了本书的选题背景、选题目的及意义，展现本研究的必要性、现实性、时代性和迫切性。同时为了明确研究目标和研究目的，对与自贸区有关并且易与其混淆的一些概念做了详细区分或界定。还对本书可能的创新点从研究视角、研究内容及研究结论三个方面进行了总结，总结了本研究的边际贡献。

接着进行文献综述。通过对本书相关问题的国内外研究现状进行梳理、归纳和总结，重点吸收国内外学者既有研究成果的研究长处，包括好的研究思路和研究方法等，也寻找现有研究的不足和空白，避免本研究出现不必要的重复性工作，并总结已有学术研究的优点和缺陷，供本研究参考借鉴。

自贸区经济增长效应思想的理论渊源始于古典经济学家和新古典经济学家的自由贸易思想，之后 Viner（1950）在关税同盟理论经济增长思想的基础之上提出了专门研究自贸区经济增长思想的正式理论。本书的理论演进部分重点对自贸区经济增长效应思想的渊源、基础和提出进行详细分析和归纳，为后面的数理模型推导和作用机制分析奠定基础。本书理论研究的核心在数理模型推导和作用机制分析部分，数理模型部分借鉴国内外相关学者的研究得出了自贸区驱动经济增长的可能性和必要条件；作用机制部分从静态机制和动态机制两方面理顺了自贸区驱动经济增长的影响路径，数理模型和作用机制是本书的理论"灵魂"。

由于本研究的区域范围限定在我国，以我国为研究个体，即研究的是我国自贸区的经济增长效应情况，因此本书对我国自贸区的整体发展历程、发展概况进行了相关介绍，对发展特征进行了归纳总结。此外，还对我国自贸区与经济增长的互动关系，以及自贸区在我国经济增长中的关键地位进行了分析。

上述分析都是定性分析，本书的另一个侧重点是定量分析，即进行实证研究。由于我国自贸区从启动谈判至今已经有十多年的发展历程，经过这十多年的发展已经涉及一系列的自贸区和众多的自贸区伙伴，因此对我国自贸区的实证研究需要根据各个自贸区不同的谈判发展阶段进行分类分析，并针对不同的类别采用适合的实证研究方法。我国的自贸区主要分为已经签署协定的自贸区、正在谈判过程中的自贸区和正在进行可行性研究的自贸区（又可细分为已经完成可行性研究、正在进行可行性研究和力求开展可行性研究的自贸区）三大类。对于已经签署协定的自贸区采用描述性统计（所占比重、增长率、贡献率与拉动等指标）、事后研究的引力模型方法进行实证研究，对于正在谈判和正在研究的自贸区采用能够进行事前估计的全球贸易分析项目（Global Trade Analysis Project，GTAP）模拟方法进行实证模拟。

本书最后对理论和实证分析进行总结，认为我国的自贸区建设是经济增长的一大驱动力，不仅已经签署协定的自贸区正在通过贸易、投资和经济合作等渠道驱动我国经济增长，而且正在谈判的自贸区和正在研究中的自贸区在达成后也将通过促进对外贸易增长、提高社会福利水平和扩大经济总量等途径来驱动我国经济增长，最终得出了"自贸区驱动经济增长"的结论。根据研究结论，本书提出了坚持五项发展原则等多方面、全方位的政策建议。

根据图 1-1，可以清楚地了解本书的研究思路、研究框架及研究的重点。研究的重点在理论和实证部分，在这两大核心部分之间还贯穿有绪论、我国自贸区发展及其与经济增长的关系及总结部分，这些内容共同搭建起了本研究框架。

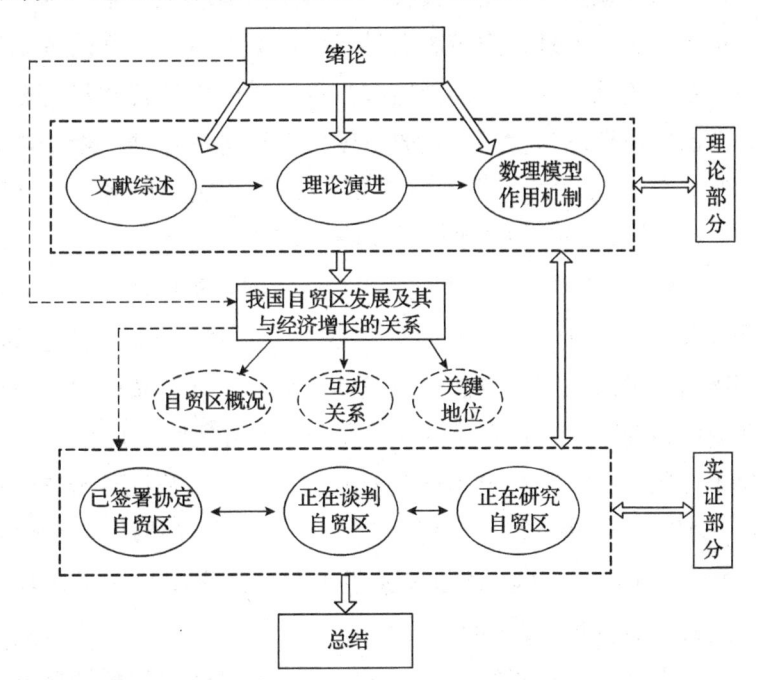

图 1-1 全书逻辑框架图

五、创新点

本书对我国自贸区经济增长效应研究的边际贡献主要有以下三方面。

（1）在研究视角方面：由于影响经济增长的因素众多，本书以自贸区为研究对象，剖析了其驱动经济增长的具体情况，并且从对外贸易增长、外商直接投资（Foreign Direct Investment，FDI）上升、对外经济合作加强、经济总量扩大、社会福利水平提高等多视角和多维度分析了自贸区的经济增长效应，丰富了自贸区驱动经济增长的研究视角。

（2）在研究内容方面：①对自贸区的理论研究从理论渊源、理论基础和理论提出方面进行深入挖掘，在此基础上构建起一套完整严格的数理推导模型，并首次对自贸区驱动经济增长的作用机制进行了深入梳理、归纳和总结，为研究奠定了牢固的理论基础。②本书依据全球各个经济体在世界上的经济地位和经济影响力，首次提出全球自贸区"轮轴—辐条"结构依照轴心经济体影响力和"驾驭力"的不同，从大到小存在一级"轮轴—辐条"、二级"轮轴—辐条"和三级"轮轴—辐条"，相应存在"一级轴心""二级轴心"和"三级轴心"。③对我国自贸区经济增长效应的实证研究比较全面，首次对处于各个谈判发展阶段的自贸区，采用事后或事前的实证方法进行整体研究，验证自贸区对经济增长的影响情况。④对正在谈判和正在研究的自贸区进行GTAP实证模拟的同时考虑了关税和非关税壁垒的削减，并且对于非关税壁垒的削减也同时考虑了技术性贸易壁垒和出口补贴两个因素。还首次从横向比较（随着自贸区达成数量的增多）和纵向比较（继续提高已达成自贸区的自由化和便利化水平）两方面研究了自贸区达成后对各自贸区成员，尤其是对我国经济增长的驱动情况。⑤首次对正在谈判和正在研究的自贸区在达成后，对我国和我国自贸区伙伴经济增长的驱动力大小进行了比较分析,指出自贸区带给我国的经济增长驱动力的相对大小情况。

（3）在研究结论方面：①较早提出了"自贸区驱动"[①]及"自贸区驱动经济增长"等新思路和新提法,并且从理论和实证两方面给予了充分的论证。②辨析了自贸区与"三驾马车"驱动经济增长的不同,尤其是与出口驱动的不同。指出自贸区对经济增长的驱动不单单是基于"量"的净出口额、贸易顺差额,而是基于对外贸易增长、外商直接投资上升、经济总量扩大和社会福利水平提高,甚至越来越多非经济领域的"21世纪新议题"等多方面驱动经济增长,驱动经济增长的"质"的提高。③得出了自贸区驱动是经济增长的一大驱动力的结论,并将自贸区驱动升格为经济增长的一种驱动力来定义和阐述,修正了经济增长是由消费驱动、投资驱动和出口驱动"三驾马车"共同驱动的传统观念。尽管在本研究之前已有国内外学者通过研究发现自贸区建设对经济增长有一定的积极影响和促进作用,但都没有将自贸区界定为一种专门驱动经济增长的驱动力,即没有将自贸区对经济增长的积极影响和促进作用上升到一种驱动力的高度。④在对我国自贸区建设的政策建议中,首次提出我国自贸区发展规划要坚持"一体两翼"的原则,两翼中的"西翼"是指"一带一路"自贸区（群）,"东翼"是指亚太自由贸易区（Free Trade Area of the Asia-Pacific,FTAAP）及与FTAAP众多参与方的单独谈判,提出要打造以我国为"一级轴心"的"轮轴—辐条"自贸区结构。

[①] 本书提出的"自贸区驱动"与目前学术界热议的上海自由贸易试验区的"自贸区驱动"并不完全相同。前者指的自贸区是FTA,后者指的是FTZ,因此后者的"自贸证驱动"更准确的说法应该是"自贸园区驱动"。另外,"自贸区驱动经济增长"的提法受到陈淑梅（2009）和赵亮、陈淑梅（2015）论著的启发。

第二章 文献综述

驱动经济增长的因素很多,其中有四大生产要素(劳动力、资本、土地和企业家才能),还有制度、技术、结构升级、信息等重要因素。本书从自贸区的角度分析其驱动经济增长的具体情况,重点对自贸区在经济层面产生的影响展开分析。在文献综述研究部分,首先将对自贸区影响成员经济增长的文献进行综述,再结合本书的区域范围特点(专门针对我国),对研究我国自贸区经济增长效应的文献进行综述。最后对国内外学者们的研究进行评述,并在此基础上找到现有研究的不足和学术空白,这些是本书讨论和研究的重点。

一、自贸区影响成员经济增长的相关研究

随着自贸区在全球的蓬勃发展,国内外学者开展了大量关于自贸区的相关研究工作。研究涉及自贸区建设的政治影响、发展策略、原产地规则、资源和能源安全,以及地区安全稳定等诸多方面,其中对于自贸区经济增长效应的研究贯穿自贸区发展的各个阶段和时期,一直是自贸区研究的核心内容。大量学者从经济增长效应角度对自贸区建设进行了分析,根据不同的自贸区研究对象、研究方法得出不同的研究结论,针对自贸区是否会驱动经济增长及驱动力是否显著等各抒己见。研究得出的结论可归纳为四种:有助于经济增长、对经济增长有利有弊、不利于经济增长和对经济增长影响不显著。

（一）有助于经济增长

国内外很多学者通过自己的研究肯定了自贸区建设对成员经济增长的促进作用。

研究首先从分析区域经济一体化对经济增长的影响开始。Frankel（1997）、Frankel 和 Rose（2002）、曹赟和覃朝勇（2024）的研究都表明区域经济一体化对提高区域内贸易有积极影响。Berthelon（2004）采用区域一体化伙伴经济在世界 GDP 中所占份额的衡量方法，表明区域一体化协定总体上会带来经济增长。刘厚俊和王丹利（2010）认为自贸区会通过扩大贸易量、增加贸易品种及知识外溢等途径促进经济增长。谭砚文等（2024）认为自贸区成员之间的互补性和开放程度的高低与贸易创造效应的大小正相关。

还有学者从对某个或某些自贸区进行情景假设后的模拟结果比较中得出自贸区经济增长效应的结论。研究方法通常为可计算一般均衡（Computable General Equilibrium，CGE）模型或者属于 CGE 模型类型之一的 GTAP 模型，研究均属于事前研究的范畴。Siriwardana 和 Yang（2008）利用多国多部门的 CGE 模型，在四种假设情景下分析了中国—澳大利亚（以下简称中澳）自贸区的社会福利变动和实际消费变动情况，实证模拟结果显示不论在何种模拟情景下，中澳自贸区都将给两国带来社会福利水平的提高。Park 等（2009）采用关税同盟理论的思想观点及 CGE 模型的定性和计量分析，均认为中国—东盟自贸区不仅有利于双方的经济增长，并且对进一步巩固双方间的经济伙伴关系也大有裨益。刘冰和陈淑梅（2014）采用 GTAP 模拟认为《区域全面经济伙伴关系》（Regional Comprehensive Economic Partnership，RCEP）框架下各成员的经济福利和贸易规模都会增加，而且增加幅度与技术性贸易壁垒的削减幅度正相关。

除了采用 CGE 模型以外，也有学者采用了其他实证方法对某些或某个自贸区的经济影响进行研究。Sun 和 Reed（2010）选用泊松伪最大似然估计（PPML）等计量方法研究了中国—东盟自贸区、欧盟-15、欧盟-25，以及南部非洲发展共同体等全球主要自贸区建设带给自贸区成员内部的农业贸易创造和贸易转移效应问题，研究结果支持这些自贸区建设均可以带来农业贸易快速增长。Fadeyi 等（2014）利用引力模型的 PPML 法验证了南部非洲发展共同体建设对各成员间农业贸易的影响，研究结果显示，在南部非洲发展共同体内部净贸易创造效应明显，区域内的贸易量也显著提升。梁双陆等（2020）采用合成控制法的研究发现，自贸区可以通过进出口贸易结构路径影响产业结构转型升级。

部分学者的研究不仅发现自贸区建设会带来经济增长，而且发现参与成员越多的自贸区对经济增长的促进作用更大。Park（2009）采用 CGE 模型，发现东盟"10＋3"形式的自贸区各成员受益最大，但若东亚诸经济体与亚太其他经济体建成亚太自贸区，那么东亚诸经济体的收益将再次扩大。Kitwiwattanachai 等（2010）基于 CGE 的方法对四种形式的东亚自贸区进行了估计，认为多边的东亚自贸区比任何一个双边形式的自贸区将产生更大的福利和收益。Bouet 等（2012）采用动态 CGE 的方法研究认为亚洲和拉丁美洲相关国家之间的经济一体化将让几乎全部成员受益，而且拉美相关国家受益幅度更大，尤其是在所有的亚洲经济体都参与签署自贸协定的情况下。彭支伟和张伯伟（2013）利用 CGE 模型对 TPP 和 FTAAP 的经济福利效应进行了实证研究，认为两大自贸区都有利于增加成员的经济收益，同时在 FTAAP 情况下的经济收益的增幅更大。

少数学者采用定性分析的方法对自贸区的经济影响进行了研究。朱颖（2005）认为倘若中国和澳大利亚双方可以缔结自由贸易协定，共建中澳自贸区，势必会大大提升双方之间的经济贸易合作水平和合作规模，优势互补的结果是对双方的货物、服务贸易及投资活动等诸多方面都产生促进作用。陈淑梅（2013）认为，美国正在构建国际贸易新规则，并力求以自贸区驱动其经济增长，这也反映出自贸区是能够驱动经济增长的。

（二）对经济增长有利有弊

与上述学者认为自贸区有利于成员经济增长的观点不同，一些学者认为自贸区对成员经济增长既有利亦有弊，需要"一分为二"来辩证看待。

（1）部分学者在肯定自贸区建设对成员的经济增长有利的同时，也特别指出不能忽视自贸区对成员经济增长产生的弊端，要最大限度地防止和减少自贸区给成员经济增长带来的消极影响。Soloaga 和 Winters（2001）采用修正引力模型对非燃料进口年度指标的实证分析认为，区域经济一体化对不同的一体化组织的影响不同，在带给某些区域一体化组织更多贸易创造积极影响的同时，另外一些可能要承受更多贸易转移的消极影响。朱颖（2006）运用统计学知识并借鉴前人研究成果研究了美国—韩国（以下简称美韩）自贸区谈判的经济和政治影响，认为美韩自贸区在提高两国的经济收益和福利水平的同时，也会付出诸如增加双方各自国内的政策调整成本和贸易转移成本的代价。孙永（2007）认为韩国的双边自贸区战略带给韩国的并不全都是经济福利的增长，负面影响也如影随形。佟家栋等（2010）研究了自贸区的外商直接投资效应，通过面板数据的实证研究发现一国与他国建立自贸区对于扩大外资流入方面有利有弊。

（2）也有学者认为即便在同一个自贸区内，自贸区对各个成员经济增长的影响情况也可能是不同的。在肯定自贸区建设会促进某些成员经济增长的同时，也指出自贸区对另外一些成员的经济增长影响不显著，甚至不利于这些成员的经济增长。分析的角度以横向观察比较各个成员的经济福利收益变动为主，辅之以纵向开放程度方面研究同一自贸区内的成员经济福利的变动。

Chong 和 Hur（2008）采用"轮轴—辐条"结构的分析方法，认为以新加坡为轴心国，美国和日本为辐条国的美国、新加坡和日本的三边自贸区会使新加坡成为最大受益赢家，相对而言，日本是最大输家。Wang（2009）采用内生性处理（endogenous treatment）和差中差方法（differences-in-differences methods）的实证研究发现，东亚区域一体化合作经济收益和风险成本并存。Hur 和 Park（2012）运用非参数匹配方法分析双边自贸区内各成员的经济收益，发现双边自贸区内各成员间人均 GDP 增长率的差异化问题，说明双边自贸区的一方成员会从自贸区获得收益，另一方情况则相反。刘文革和王文晓（2014）通过 GTAP 模拟发现，建设金砖自贸区可以提高各成员经济福利收益，但不利于各成员的产业升级，同时也会冲击成员的脆弱产业。

还有学者研究了区域经济一体化由于开放程度的不同所带来的经济福利的利弊变动。Walz（1997）认为区域一体化的贸易效应和福利效应取决于一体化的开放程度和范围。当仅有最终产品实现自由贸易时，带给成员的是贸易转移和福利减少的消极影响；相反，当贸易自由化深入中间产品实现自由贸易和劳动力能够自由流动时，会产生贸易创造和带来福利增加。Munemo（2013）认为中国—南部非洲关税同盟自贸区的关税削减力度越大，对南非的积极影响就越大，但这一自贸区还会对南部非洲关税同盟带来一些不利的贸易转移效应。

（三）不利于经济增长

少数学者根据不同研究方法、不同自贸区研究对象和不同研究视角的分析认为，自贸区带给各成员更多的是消极作用和负面影响。认为自贸区不利于各成员的经济增长。

Don Harpaz（2008）、李明权和韩春花（2010）分别选取以色列和欧盟的区域经济一体化及中国、日本、韩国（以下简称中日韩）自贸区为例，并采用定性或实证方法对自贸区的经济影响进行了研究。Don Harpaz 定性研究了以色列与欧盟的贸易一体化问题，认为以色列从一体化合作中获取的收益存在较大不确定性，而且很可能会承受包括贸易敞口风险（trade exposure risk）等造成的较大损失，要降低损失必须实现贸易对象的多样化。李明权和韩春花采用 GL 指数、Bruelhart 和 Dublin 指数等实证分析发现，中日韩三者间农产品产业内贸易水平总体偏低，表明中日韩自贸区存在调整成本偏大的问题，这将不利于中日韩自贸区各成员的农产品贸易增长。

有学者以某个经济体签署的众多自贸协定为研究对象，即研究"一对多"的自贸区。Jimenez-Arista（2004）对墨西哥签署的一系列自贸协定进行研究发现，自贸协定并不一定能维持贸易伙伴双方之间的贸易增长，反而可能会有造成出口下降的消极影响。还有学者定性分析了全球迅速发展的自贸区对成员发展不利的潜在风险问题。戴臻和魏磊（2013）认为自贸区建设的潜在风险和成本已大量涌现，例如对非成员的贸易歧视增加了与非成员的交往成本；自贸区政治和国家关系被过度重视和强调，经济作用成为附属功能；企业不能依靠自贸区充分获利等。薛振翔和成新轩（2024）认为自贸协定的原产地规则，由于其限制性的特征会增加企业的生产成本，进而影响企业通过自贸区获得额外利润。

（四）对经济增长影响不显著

还有部分学者提出了自贸区建设对各成员经济增长驱动作用不大的观点。

有学者从发达经济体与欠发达经济体的"北—南"型或者欠发达经济体之间的"南—南"型区域一体化组织的视角进行了相关研究。Berthelon（2004）认为尽管区域一体化协定（RIAs）总体上对经济增长起到积极作用，但是"北—南"型一体化协定对成员经济的影响并不明确。Brown 等（2008）基于 Michigan 全球生产和贸易模型的研究表明，美国—南部非洲关税同盟双边自贸区的建设给美国和南部非洲关税同盟带来的经济福利收益都很小。部分学者对非洲地区不断发展的"南—南"区域经济一体化经济增长问题进行了研究。杨勇和张彬（2011）实证考察了非洲地区"南—南"型区域一体化组织的经济增长效应和"意大利面条碗"效应问题，认为区域经济一体化对非洲国家的经济增长带动作用并不明显，由此带来的"意大利面条碗"效应却会抑制经济增长，"南—南"型区域经济一体化对成员经济增长难有实效。Tumwebaze 和 Ijjo（2015）研究的区域范围也是非洲，采用 GMM 工具变量法的面板数据实证结果表明，区域经济一体化对东部和南部非洲的经济增长并无显著积极影响。

还有学者将区域经济一体化的研究目光集中在全球最具经济活力的东亚、亚太地区。蔡鹏鸿（2005）从国际政治经济的分析角度，认为东亚双边自贸区合作的合作水平低且福利收益有限，重视政治功能，经济功能弱化。Lee 和 Han（2008）以中国—韩国（以下简称中韩）自贸区为研究对象的研究结果表明，废除或降低自贸区关税税率不一定能提高两成员之间的贸易量。Corning（2009）指出尽管东盟—日本自贸区在一些新领域有合作，但在诸如劳动力流动和原产地规则等重要议题方面没有达到高水准合作，因此带来的积极影响是有限的。钱进（2019）发现在亚太范围内，自贸区达成数量的增加并没有显著提高中国进口贸易的经济增长效应。

（五）本节小结

通过梳理国内外学者关于自贸区影响成员经济增长的大量文献，发现学者们在研究对象方面主要选取某个或者某几个自贸区为研究对象，微观视角多，缺乏对某个经济体参与的所有自贸区进行整体研究的宏观视角。在研究方法上，以用更具说服力的定量研究为主，辅之以定性研究。在研究结论上归纳得出四种不同的观点。因此，对于自贸区是否会给各成员经济增长带来有利影响，以及自贸区对经济增长的驱动力度大小问题还有争议，在学术界内部尚无定论。所以尚不能判断我国的自贸区建设是否会驱动我国经济增长及自贸区驱动力的大小，这更加凸显了本研究较高的研究价值和必要性，同时这也表明需要对我国自贸区的经济增长效应进行研究，以便确定我国的自贸区对经济增长的具体影响情况。

此外，通过文献梳理、归纳和总结可知，尽管国内外学者们对自贸区经济效应的研究结论、观点各异，但主流意见有自贸区建设会促进经济增长及自贸区对经济增长有利有弊两种。大多数学者仍肯定了自贸区的建设对各自贸区成员经济增长有利的一面，认为不利于经济增长或者对经济增长影响不显著的学者明显较少。

二、我国自贸区经济增长效应的相关文献

由于我国的自贸区谈判起始于2002年，因此国内外关于我国自贸区的相关研究也从2002年开始并逐年增多。随着中国经济地位和经济影响力在全球的提升，特别是近年来我国不断强调要加快实施自贸区战略，并积极推进自贸区的相关工作，因此跟我国相关的一系列已经签署协定、正在谈判、正在研究，甚至在构想中和设想会进行谈判的自贸区也纷纷成为学术界关注的热点。此外，我国虽未参与但可能会对我国经济贸易产生重要影响的一些自贸区的经济增长效应也被重点关注。

尽管随着自贸区谈判数量的增加和谈判内容的扩大，对我国自贸区的研究也囊括了越来越多的非经济效应方面，但本书主要关注的是经济增长效应，故对自贸区产生的非经济效应的研究没有进行讨论。关于自贸区建设对我国经济增长的影响情况，学者们从贸易增长效应、投资上升效应、社会福利提高效应和经济总

量扩大效应的单一或多个视角展开研究和讨论。

（一）单一视角

经济增长效应是一个总括概念，可以细分为贸易增长效应、投资上升效应、社会福利提高效应及经济总量扩大效应等诸多方面。单一视角就是指对我国自贸区经济增长效应的分析主要从其中一个效应方面展开。

1. 贸易增长效应视角

国内外学者大都肯定了已经签署协定、正在谈判和正在研究中的各个自贸区建设对我国贸易带来的积极影响。

由于中国—东盟自贸区是我国开始谈判的首个自贸区，并且是首个与某个自贸组织开展的自贸区谈判，覆盖面广、影响力大，因此长期成为学术研究的焦点和热点。史智宇（2004）的引力模型实证分析表明，中国—东盟自贸区会使双方获得不一样的发展机遇，都能获得贸易合作效应。崔奇峰（2009）采用贸易结合度等指标和GTAP模型的实证方法进行研究，结果显示中国—东盟自贸区的建立会促使东盟与中国的产品贸易量快速增长，即产生巨大的贸易创造效应，同时也能够提高世界福利。Devadason（2010）研究了中国—东盟自贸区的贸易流量问题，认为中国和东盟的贸易增加了东盟内部的出口，该自贸区会使双方的贸易量得到扩大。Yang 和 Martinez-Zarzoso（2014）基于以面板数据为基础的修正引力模型分析认为，中国—东盟自贸区带来了实质性的贸易创造效应，促进了各成员农业和工业制成品的出口。蒋冠和霍强（2015）依据进口和出口贸易引力模型的实证结果，认为中国—东盟自贸区对于我国与东盟各国的出口贸易创造效应明显强于进口贸易创造效应。

除了选取中国—东盟自贸区作为研究对象以外，其他我国参与的自贸区也被学者们重点研究。刘海洋和邵建春（2009）以中澳自贸区为研究个例，采用协整检验等计量方法的实证结果表明，自贸区达成后双方对彼此的进口和出口对各自的经济增长都有积极影响，但中国的进口对其经济增长的影响不大。余振等（2014）基于SMART模型的实证结果表明，中国—印度（以下简称中印）自贸区达成后双方的贸易都将获得增长，贸易创造效应明显。匡增杰（2014）基于引力模型和GTAP模型的实证研究发现，中日韩自贸区的建立将进一步加大三方间的贸易合作，并且产生极大的贸易创造效应。李荣林和赵滨元（2012）运用扩展的引力模型对我国已经签署协定的诸多自贸区的贸易效应进行了研究，发现我国已经签署协定的自贸区的贸易创造效应显著，贸易转移效应较小，但同时自贸区运行时间越长，这两种效应都会越明显。吕建兴和张少华（2022）分析了我国自贸区关税减让的进口贸易效应问题，发现关税减让能够显著拉升进口，并且关税减让幅度与对进口的拉动作用呈现正相关关系。

也有学者在肯定自贸区会带来经济增长效应的同时，探究了自贸区引致的消极影响。王磊（2004）采用双边专业化指数、显示性比较优势指数等统计方法对中国—东盟自贸区贸易效应进行了分析，认为整体来看，中国—东盟自贸区的贸易创造效应居于主导地位，但自贸区带来的贸易波动会造成成员国利益的增加或损失，贸易转移会造成双方对自贸区外市场的贸易额有一定程度的降低。孙玉红（2006）以中国—东盟自贸区为研究对象重点分析了其对我国贸易增长效应的影响，指出该自贸区将扩大我国高新技术产品的出口逆差，主要产生贸易转移效应，带来贸易利益的损失。张军和路泽禅（2021）对中国—蒙古国（以下简称中蒙）自贸区达成的贸易效应进行预测，认为中蒙自贸区达成对两国谷物、加工食品等行业发展有积极影响，但对中国的纺织及制衣业、公共事业及自然资源和蒙古国的畜牧业、交通与通信及公共事业都不利。

2. 投资上升效应视角

随着我国自贸区建设的发展，谈判议题逐渐增多、合作范围逐步扩大、涉及领域也越来越广，自贸区合作早已不再仅局限在贸易领域，对投资议题的谈判也已成为谈判的主要内容之一。

针对自贸区的投资效应，学者们的研究首先从选取的某个自贸区的投资效应开始。郎永峰（2010）基于内生增长理论，回归实证研究中国—东盟自贸区的外商直接投资效应，认为自贸区的建立对于提高外商直接投资整体流入作用重大，同时对于促进各成员的外商直接投资的流入也有不同程度的刺激。Lakatos 和 Walmsley（2012）采用动态一般均衡模型研究了中国—东盟自贸区的投资创造和投资转移效应问题，并考虑了投资对双方福利变动的影响。魏一豪和吴国蔚（2010）的实证分析发现中韩自贸区对于促进双方市场融合、相互增加投资作用较大。谭宓等（2022）发现中国—东盟自由贸易区对参与国的 FDI 有显著拉动作用。

还有学者从自贸区对企业对外直接投资和原产地规则问题的影响角度进行了研究。董有德和赵星星（2014）根据跨国公司知识—资本模型实证研究了自贸协定影响我国企业对外直接投资的情况，认为自贸区的建设抑制了企业对外直接投资的增长。罗先云（2014）重点研究了原产地规则对自贸区吸引 FDI 的重要性。认为自贸区中的优惠原产地规则对于外商直接投资的影响不确定，只有切实执行原产地规则，才能吸引自贸区外的资本更多地流入区域内。我国只有在自贸区合作中依据自贸区伙伴的实际经济水平和产业状况制定合适的优惠原产地规则，才能更好地刺激外商直接投资流入。

3. 社会福利提高效应视角

自贸区在提高贸易、投资等合作活动的自由化和便利化的同时，往往也会带来消费者和生产者的福利水平变动，进而引致整个社会福利水平的变动，大量学者对此进行了关注和探究。

部分学者将研究的地域范围设定在我国所处的东亚地区。于翠萍（2006）、李荣林和鲁晓东（2006）及安虎森和刘军辉（2014）分别以中日韩自贸区为例进行了自贸区社会福利提高效应方面的研究，而 Estrada 等（2012）的研究范围更广，涉及中国—东盟自贸区、中国—日本（以下简称中日）自贸区、中韩自贸区和"ASEAN+3"自贸区。于翠萍（2006）基于 CGE 模型的模拟分析结果认为，在中日韩三国之间的各种可能的自贸区组合形式中，中日韩自贸区的社会福利提高效应最大、最明显，因此中日韩自贸区的组合是最优形式。李荣林和鲁晓东（2006）的比较静态分析表明，中日韩自贸区的确会提高三国的社会福利水平，同时也会影响其他东亚国家的福利变化。安虎森和刘军辉（2014）根据新经济地理学理论构建关于中日韩自贸区的数理模型，分析认为随着自贸区内部的贸易自由度的提高，中日韩三方的福利水平也都在提高。Estrada 等（2012）的定性和定量的研究结果表明，中国—东盟自贸区、中日自贸区、中韩自贸区和"ASEAN+3"自贸区都会驱动中国经济增长和社会福利水平提高，而且"ASEAN+3"自贸区带给中国的积极影响最大。杨勇等（2022）分析发现贸易自由化对中国福利水平的提升作用显著。

还有学者从理论模型层面对我国参与自贸区建设的福利提高问题进行了理论分析。吴朝阳（2008）通过协调博弈视角，构建"3×2"模型理论分析了自贸区建设的福利优化合作问题，指出自贸区建设能够提高我国的福利水平，但在谈判对象和谈判部门选择上要坚持优势互补、具有较强正溢出效应的原则，这样我国才会从自贸区合作中获取更多的福利收益。

也有学者预测了我国尚未运行或者尚未参与的自贸区达成后对我国社会福利的影响情况，研究通常采用 CGE 模型进行事前预计。Siriwardana 和 Yang（2008）通过 CGE 模型中的 GTAP 模型对中澳自贸区的社会福利效应和行业部门产出效应进行实证模拟分析，发现中澳自贸区有助于双方的社会福利水平的提高，但对双方各个行业部门的发展影响有利有弊。Li 和 Whalley（2014）采用 CGE 模型模拟的中国加入或不加入 TPP 的结果显示，中国加入 TPP 将会获得很大福利收益；反之，不包括中国的 TPP 将对中国的社会福利产生消极影响。

4. 经济总量扩大效应视角

我国积极推动建设自贸区的主要目标就是要借助自贸区的力量扩大国民经济总量，提高我国在全球的经济地位和增强经济影响力。针对我国自贸区扩大经济总量效应的研究也在学术界大量展开。

大多数国内外学者的研究肯定了自贸区建设对我国经济总量扩大的积极影响，认为自贸区对经济总量的扩大作用是正向显著的。樊莹（2005）通过对中国—新西兰自贸区经济效应的展望，认为这种"北—南"型自贸区对中国和新西兰双方都有显著的静态经济效应和动态经济效应，并最终会促进各自的经济增长。陈诗一和阴之春（2008）在向量误差修正模型实证研究的基础上，分析了自贸区对我国经济增长的影响情况，发现自贸区建设对我国经济增长的整体影响是正向积极的，自贸区建设已经成为促进我国经济增长的外部力量。彭支伟和张伯伟（2013）运用 CGE 模型对 FTAAP 经济增长效应的实证研究结论表明，FTAAP 会给中美两国带来较显著的收益。Petri 等（2014）也认为 FTAAP 若达成，中国和美国所获得收益相比其他经济体预期最大。赵亮和陈淑梅（2015）以我国周边的中韩自贸区、中日韩自贸区与 RCEP 谈判为研究对象的 GTAP 实证研究发现，三大自贸区都会驱动各成员的经济增长，每个自贸区驱动我国经济增长的情况不一，但都能有效驱动我国对外贸易、经济总量及福利水平的增长，而且成员越多、市场规模越大的自贸区对我国经济增长的驱动作用也就越大，贸易效应、经济效应和福利效应越明显。梁江艳和高志刚（2021）采用GTAP模型的模拟论证发现，中国—巴基斯坦自贸区对双边经济增长的影响具有较强的非对称性。

部分学者在肯定我国参与的自贸区对经济增长存在促进作用的同时，也强调了进行长期的自贸区合作会带来更优的经济增长效果。Wong和Chan（2003）认为中国—东盟自贸区谈判之初双方在经济层面的竞争性超过互补性，同时在吸引外商直接投资上也存在直接竞争，双方只有在长期继续进行深入合作，才可以达到双赢的效果。张海森（2008）运用GTAP模拟分析了中澳自贸区的动态影响，认为长期来看对双方经济总量的提高更加有利，尽管对不同产业部门的影响存在差别。

还有学者从我国跨区域自贸区合作和自贸区建设动力的视角分析了我国自贸区的经济增长效应。Hoadley和Yang（2007）通过对中国跨区域自贸区合作问题的研究，认为中国的跨区域自贸区战略是中国长期国际战略中的重要一环，能够在提高中国国际影响力的同时，加速中国的经济增长、提高经济收益。Zeng（2010）在解释中国追求达成更多自贸协定的动力的基础上发现，中国之所以大力提倡自贸区战略、建立自贸区，是基于自贸区可以减小贸易和投资转移效应、加快经济增长等一系列收益。

（二）多个视角

少数学者对我国自贸区经济增长效应的研究从贸易效应、投资效应、福利效应及经济总量效应等两个及以上的效应角度展开，也就是通过多个视角较全面地分析我国自贸区的经济增长效应。

张帆（2002）和李东红（2004）都从贸易效应和投资效应两个方面对中国—东盟自贸区的经济增长影响效应进行了研究。两位学者都认为贸易效应和投资效应是中国—东盟自贸区的主要经济效应，但是张帆认为该自贸区将会有显著的贸易创造效应和投资提升效应，消极的贸易转移效应不明显。而李东红提出的观点与张帆不同，认为中国—东盟自贸区由于自身特点原因，在贸易效应和投资效应上的表现均有利（贸易创造和投资创造）有弊（贸易转移和投资转移），并非"一边倒"的积极的增长效应。Yoon（2009）从自贸区的经济总量和社会福利效应两个方面分析并比较了中国、日本和韩国三国间可能会达成的自贸协定组合带来的经济影响，CGE模型模拟结果发现，中国将获得最大经济收益的情景是与韩国、日本共建三边自贸区。赵亮（2017）从贸易、福利视角剖析了自贸区驱动经济增长的中国证据。杨军等（2019）事前预测了中国—欧盟自由贸易区达成的经济增长效应和社会福利效应问题。

  部分学者的研究从自贸区的三个经济效应方面展开。余振等（2014）从贸易效应、关税效应及福利效应三方面实证模拟了中国—俄罗斯自贸区的经济效应问题。实证结果表明，随着自贸区内自由化水平的提高，自贸区参与双方的多数产业部门的贸易创造效应更加明显，整体的社会福利也将得到不断提高，尽管会对双方的关税有一定的消极影响。赵亮（2014）采用GTAP模型对CAFTA升级版、RCEP和FTAAP的实证模拟发现，这三大自贸区达成后都能驱动我国在贸易、GDP及福利方面的增长，而且成员越多、市场规模越大的自贸区对对外贸易、经济总量及社会福利水平的驱动作用越大，两者基本上呈正相关关系。赵亮（2017）发现自贸区可通过对外贸易增长、经济总量扩大和社会福利提高三方面驱动我国经济增长，而且相对于传统驱动力，其具有显著的定位外向性和作用复合性特征。

（三）本章小结

  本章通过对我国自贸区经济增长效应相关文献的梳理、归纳和总结，发现国内外学者的研究有以下明显的研究特点：①研究方法以实证研究为主，CGE 模型和 GTAP 模型等事前估计为主要实证方法。②研究结论和观点大都支持自贸区建设会带给我国积极的经济增长效应，绝大多数学者的研究肯定了我国自贸区对于国内贸易增长、投资上升、福利提高和经济总量扩大的促进作用。③在研究视角上，对我国自贸区产生的一系列经济效应的分析，大多数学者是从经济增长效应的一个效应方面（如贸易增长效应、投资上升效应、社会福利提高效应和经济总量扩大效应）出发分析自贸区的经济影响，也就是说大多数学者只关注了自贸区产生的一种经济效应，对自贸区经济效应的研究也主要从一个方面展开。只有少量学者同时分析了自贸区产生的两个或三个经济效应。④在研究的具体对象方面：第一个特点是国内外学者研究的重点是那些自贸区整体经济总量大、是我国重要贸易伙伴和谈判进展比较顺利的自贸区（比如中国—东盟自贸区、中韩自贸区等）。第二个特点是随着我国自贸区谈判的逐步推进，学者们跟进研究相关的自贸区谈判，同时也有对我国可能建设的自贸区的模拟研究。第三个特点是由于针对我国自贸区经济效应的研究文献从中国—东盟自贸区谈判开始才大量涌现，之前鲜有关于我国自贸区经济效应的国内外研究文献，并且中国—东盟自贸区为我国后续自贸区的谈判积累了宝贵经验，而且该自贸区又在进行升级版谈判。因此，以该自贸区为研究对象的文献占很大的比重，

此外，由于从世界自贸区发展历史来看我国自贸区建设起步很晚，因此尚没有引起国内外学者的重点关注。国外专门针对我国自贸区建设的研究也是起步较晚且文献较少，故对我国自贸区经济效应的关注以国内学者的研究为主。

综上所述，国内外学者对我国自贸区经济增长效应的研究已经有一些成果，在研究方法、研究视角和研究内容等方面为今后学者们的研究提供了重要的参考。但是学者们的研究也存在一些

不足和空白之处。首先，仍主要以我国参与的某个自贸区为研究对象，少数研究涉及两个及以上的自贸区，更大的不足是仍缺乏对我国所有自贸区经济增长效应的整体把握，即缺少综合考察和研究的视角。其次，尽管学者们对我国已经签署协定的和正在谈判的、正在研究的一些自贸区都有研究，但尚未有根据不同自贸区的不同发展阶段而进行分类研究的文献，即未针对我国已经签署协定的和正在谈判的、正在研究的自贸区的不同特点进行差异性研究。此外，既有研究还缺少对我国参与的各自贸区经济增长效应的对比研究。

三、文献评述

通过对"自贸区影响成员经济增长的相关研究"和"我国自贸区经济增长效应的相关文献"进行梳理、归纳和总结，发现目前国内外学术界对于发展自贸区是否会给各成员的经济增长带来有利影响，以及自贸区对经济增长驱动力的大小问题还有争议。但学术界主流意见有自贸区建设会促进成员经济增长、自贸区对经济增长有利有弊两种。持自贸区对经济增长影响不显著和不利于经济增长观点的学者通常认为自贸区会对成员的个别行业部门和税收收入有冲击和不利影响，而且自贸区达成后短期内的不利影响较明显。

对我国自贸区经济增长效应的研究仍然以单个或几个自贸区的局部视角为主，大多数研究结论肯定了自贸区对我国经济增长的积极影响。但缺乏宏观和全面的整体研究视角，没有全面介绍我国自贸区的整体经济效应情况，容易造成研究结论的微观性和片面性，无法从宏观整体上把握我国自贸区的发展态势并指导我国自贸区的发展。

在研究方法上，学者们对"自贸区影响成员经济增长的相关研究"和"我国自贸区经济增长效应的相关文献"都以定量研究为主(用实证数据分析更具说服力)。定性研究较少。定量研究的方法以 CGE 模型、GTAP 模型及引力模型为主。

此外,尽管多数学者的研究结论涉及自贸区对经济增长的积极影响方面,但都未能明确将自贸区提升到经济增长的一种驱动力的高度,同时更没有文献明确提出"自贸区驱动经济增长"的相关概念。本书试图在前人研究方法、研究视角和研究内容等的基础上展开原创性研究。

第三章 自贸区经济增长思想的理论演进

　　自贸区是全球局部实现自由贸易的地区,因此自贸区与自由贸易有着密切的联系。自贸区是自由贸易思想的一块"试验田"和一种实践,而自由贸易理论是自贸区建设的思想理论基础,自贸区等区域经济一体化形式,以及全球经济一体化活动都是自由贸易的实践。在自贸区和区域经济一体化都尚未出现之时,自由贸易能够带来经济增长的思想就已经出现。因此,自贸区经济增长效应思想的渊源是自由贸易的经济增长思想,源头可以追溯到自由贸易带来国民财富增加的诸多思想理论。

　　同时,自贸区是区域经济一体化的重要类型之一,自贸区理论也是区域经济一体化理论的重要组成部分。由于区域经济一体化理论的开山之作是关税同盟理论,关税同盟理论是其他区域经济一体化理论提出的"垫脚石",因此自贸区理论的基础是关税同盟理论。此外,关税同盟理论和自贸区理论都是专门分析参与区域经济一体化的经济体的经济、贸易和福利等变动的经济增长理论,由于关税同盟理论是自贸区理论产生的基础,因此关税同盟理论的相关经济增长效应思想也就成为自贸区理论经济增长效应思想的基石。

　　本章首先分析自贸区经济增长思想的渊源:自由贸易的经济增长思想理论。

一、渊源:自由贸易的经济增长思想

　　自由贸易的经济增长思想源自自由贸易会增加国民财富的理

论。自由开放贸易的倡导者们通过古典贸易理论、新古典贸易理论、新贸易理论，以及新新贸易理论给出了自由贸易会带来财富增加、促进财富积累的合理解释，促进了自由贸易思想的传播，加深了各经济体对自由贸易的理解，使自由贸易更易于被接受。下面分别阐述各主要贸易理论中的自由贸易经济增长思想。

（一）古典贸易理论

古典自由贸易思想的代表人物是古典经济学家 Smith（1776）、Ricardo（1817）及 Mill（1848）。古典经济学家们提倡完全竞争[①]环境下的自由贸易，希望通过自由竞争市场，依靠商品生产的绝对优势、比较优势和基于比较优势理论的相互需求来生产商品，并通过自由开放贸易获取收益，促进国民财富的增加和国家经济水平的提高。

自由贸易的经济思想起源于重农学派（代表人物 Quesnay 和 Hume）主张的自由经济。在对外贸易方面，尽管重农学派相对轻视商业贸易，但其在抵制重商主义的政府干预思想的基础上，仍然打出了自由贸易的旗号，为当时的农作物出口"摇旗助威"，借此维护农民的经济利益，这对后来古典经济学主张的自由贸易思想具有重要启蒙和指导意义。

重农学派的自由贸易思想可以说是其为了维护农业发展利益而捎带提出的主张，而现代经济学之父 Smith 在经济自由化思想之上提出的绝对优势模型则是首次正式对自由贸易思想的系统阐述和提倡。在 Smith 于 1776 年出版的经济学奠基之作《国民财富的性质与原因的研究》（简称《国富论》）当中，经济自由主义的思想贯穿前后，形成了对贸易保护主义思想的首次冲击。在 Smith 的《国富论》之前，封建残余思想和重商主义的保护主义

---

① 完全竞争条件下所有的资源都可以自由流动。这正包含了自由贸易区所希望达到的贸易、投资等的自由化和便利化。

思潮曾盛行一时，是当时对外贸易的主要指导思想。重商主义[①]重视和鼓励出口但限制和管制进口，单纯追求进出口贸易的顺差，这严重束缚了国际贸易等经济交往活动的正常进行，而自由贸易的观点在当时无立锥之地。在重商主义思想之后渐成气候的重农学派，其众多主张中已涉及自由经济的思想，尽管自由贸易不是重农学派的思想重点，但对 Smith 等古典经济学者的自由经济思想的形成仍有较大贡献。

Smith 为了宣传自己的自由贸易思想，先对财富的定义进行了界定。与重商主义"贵金属货币是惟一财富形态"的观点不同，Smith 在《国富论》中重新诠释了财富的定义，指出财富的形态和标志不仅仅特指贵金属，商品和劳动应该是财富的主要内容，而商品和劳务财富是通过自由放任贸易经济下以绝对优势为标准的国际分工来获得的。由此，Smith 借助对财富的新定义很好地宣传了自由贸易思想。

Smith 的自由贸易理论，提倡放任自由的自由主义思想。具体观点有反对国家政府对经济的干预，倡导自由竞争经济，强调"看不见的手"的作用，政府要保证"看不见的手"正常和有效地发挥作用；在自由贸易的国际交往中，各经济体应遵循绝对优势指导原则进行资源的有效分配、国际生产和出口的分工方式，这样所有参与贸易的经济体，以及全世界都能够从贸易往来中获得经济福利，自由贸易的最终结果是带来国民财富的增加和国民经济的增长，这让逐利的经济体更容易接纳自由贸易的思想。此外，Smith 还指出剩余的过剩产品可以通过出口途径直接带动经济增长。由此可见，Smith 提倡的自由贸易最终可以让经济增长从重商主义认为的"零和博弈"发展为"正和博弈"，所有经济

---

① 重商主义分为早期重商主义和晚期重商主义两个阶段，前一阶段又可称为重金主义或者商人主义，强调"多卖少买"；后一阶段强调要保证实现总体和长期的贸易顺差，允许暂时的和对个别经济体贸易逆差的存在。

体都能受益，也就是说，Smith 的自由贸易蕴含着丰富的经济增长思想。

Smith 提出的以自由贸易为思想基础的绝对优势模型启发后来的学者们对贸易产生的原因问题进行研究和思考。在 Smith 之后，Ricardo 在其著作《政治经济学及赋税原理》中提出了比较优势模型，① 这一模型克服了绝对优势模型无法解释某些发展中国家几乎在所有商品的生产效率都低于发达国家的实际情况下，仍然与发达经济体有贸易往来现实的缺陷。同时，比较优势模型也是以完全竞争的自由贸易为假设基础，其将自由贸易的理论思想发展又向前推进了一大步。Ricardo 认为在自由贸易条件下，即使一个经济体在任何一种商品的生产上都不具有绝对优势，但仍然可以凭借比较优势来生产并出口自己具有比较优势的商品。这样各贸易参与方的要素资源就能够得到有效配置，同样可以从对外贸易中获利，即在比较优势下进行自由贸易同在绝对优势一样，也将获得正向的经济福利收益效应。可以说，比较优势模型进一步夯实了自由贸易经济增长效应的思想基础。

总之，比较优势模型同绝对优势模型一样，认为自由贸易环境下的国际贸易会带来各方财富的增长，自由贸易具有经济增长效应，只不过两者主张的劳动分工模式不同。

Smith 和 Ricardo 都从供给角度分析了自由贸易环境下通过国际分工获取贸易利得。以 Mill（1848）为代表的经济学家从需求角度探讨了自由贸易带来的经济收益问题，提出了相互需求模型。相互需求模型是基于比较优势模型而分支出来的一种模型，其推动了比较优势模型的理论发展。在比较优势理论的基础上，Mill 通过其著作《政治经济学原理及其在社会哲学上的应用》

---

① 最早提出比较优势概念的学者是 Torrens（1815），他在著作《关于玉米对外贸易的论文》中就有对比较优势的阐述。

(简称《政治经济学原理》)进一步阐述了自由贸易对所有参与方直接和间接获得经济福利收益的积极作用,分析了商品贸易交换比例的确定问题、贸易收益的大小决定问题及贸易利益的分配问题。同时,还指出自由贸易对获取非经济收益(诸如信任依赖、国家认同、知识技术、文明道德、稳定和平等)的重要作用。

(二)新古典贸易理论

进入 20 世纪后,随着古典贸易理论发展到新古典贸易理论,自由贸易思想也从古典自由贸易思想过渡到新古典自由贸易思想。新古典贸易理论的主要代表学者 Heckscher 和 Ohlin(1919)提出的要素禀赋贸易模型(又称为赫克歇尔—俄林模型,简称 H-O 模型)依然建立在自由贸易的基础之上。这一贸易模型认为各贸易参与方都应该生产并出口可以充分利用其自身丰裕要素的产品,并与其他经济体交易那些需要大量消耗其匮乏生产要素资源的产品,即依靠各自的资源禀赋优势进行合理的国际分工,并通过自由贸易使贸易参与方,甚至全世界的经济福利都有所提高。贸易发生的基础是各经济体在资源拥有量上的不同。要素禀赋贸易模型提出的各个经济体只生产能够消耗其丰裕要素的产品并参与国际贸易交换其不生产的产品是以自由贸易为前提的,若没有自由贸易,这一理论的效果将大打折扣,甚至成为空谈。所以新古典贸易理论鼓励自由贸易,使自己的理论有用武之地和实际指导意义。新古典贸易理论肯定了在其主张的分工模式下自由贸易积极的经济增长效应,即在自由贸易环境下按照要素禀赋进行生产和贸易可以提高经济体的经济收益。

(三)新贸易理论和新新贸易理论

古典经济学家 Smith、Ricardo、Mill,以及新古典经济学家 Heckscher 和 Ohlin 各自提出的贸易模型都以市场完全竞争的假设为前提。进入以 Krugman(1979)为代表的新贸易理论阶段以后，Krugman 提出的理论已经放弃了完全竞争的假设，并假设市场是垄断竞争的。

Krugman 的规模经济和垄断竞争模型认为通过自由开放贸易，垄断竞争企业可以借助更大的国内外消费市场来扩大企业自身的生产规模，获得内部规模经济，进而可以降低产品单位生产成本，获取更大经济利益。同时，消费品品种的增多和产品价格的下降也都提高了消费者福利水平。总之，Krugman 的理论认为在自由贸易政策环境下，垄断竞争企业通过规模经济可以促进经济增长和社会福利水平提高，即肯定了在自由贸易环境下的经济贸易增长效应。

此外，Kemp（1964）的外部规模经济模型、Vernon（1966）的产品生命周期学说及 Linder（1961）的需求变动理论（又名林德假说），都在贸易开放和自由的环境下讨论了自由贸易带来经济增长的情况。

新新贸易理论代表人物 Melitz（2003）的异质企业贸易模型和 Antràs（2003）的企业内生边界模型都指出企业间的差异对贸易的重要影响，认为自由开放的贸易可以提高行业，甚至整个经济体的劳动生产率水平和社会福利水平。

总之，自由贸易理论打破了贸易保护主义的思想枷锁，是经济一体化发展的理论渊源，带来了贸易思想的极大解放。自由贸易下的经济增长效应思想启迪和引导了学者们对自由贸易的关注和思考，为以后区域经济一体化理论经济增长思想的提出及发展奠定了理论基础。

二、基石：关税同盟理论的经济增长思想

关税同盟理论是整个区域经济一体化发展的理论基础，同时该理论也带来了整个区域经济一体化理论体系的大发展。自贸区也在关税同盟理论的基础上应运而生，而且 Meade 和 Robson 提

出的自贸区理论都是根据 Viner（1950）的关税同盟理论发展而来的。国际上公认 Viner 的关税同盟理论是研究区域经济一体化理论的"开山之作"，因此首先对 Viner 的关税同盟理论及其贸易效应进行介绍。

在 Viner 的关税同盟理论提出之前，无论是 Smith 和 Ricardo 等古典经济学家，还是 Heckscher 和 Ohlin 等新古典经济学家，都认为自由贸易可以让贸易双方获利并有利于世界财富的增加，因此是一种正和博弈。但 Viner 通过贸易创造和贸易转移等静态效应分析区域性的自由贸易组织——关税同盟，对正和博弈的观点提出了质疑，认为关税同盟内自由贸易的博弈结果要根据积极的贸易创造和消极的贸易转移的大小比较结果来定，而结果的不确定性导致关税同盟的经济福利效应还可能是一种零和博弈，甚至负和博弈。

（一）关税同盟理论的提出

伴随着欧洲一体化进程的开始（欧洲共同体的逐渐建立和发展）和苏联主导的经济互助委员会的成立，区域经济一体化迎来了第一波的发展浪潮，[①] 经济学家们随之也加大了对区域经济一体化的关注力度和学术研究力度。Viner 的关税同盟理论就诞生于区域经济一体化的第一波浪潮时期，该理论颠覆了以往经济学家对于区域经济一体化经济福利影响的片面认识。以前的学者们

---

① 陆建人（2003）、曹亮（2006）、宋岩（2007）及宫占奎和于晓燕（2011）等学者都曾对全球区域经济一体化发展阶段的划分给出自己的见解和方法。本书在蔡宏波（2009）的划分方法基础上，将区域经济一体化也分为五波大浪潮。第一波浪潮产生于 20 世纪 40 年代末和 50 年代，经济互助委员会和欧洲共同体建立是主要标志性事件；第二波浪潮产生于 20 世纪 60 年代至 70 年代初，主要特征是"南南合作"增加；第三波浪潮产生于 20 世纪 80 年代，以"南北合作"为重要特征的新区域主义产生；20 世纪 90 年代至 2008 年"次贷危机"爆发前是第四波浪潮的时间阶段，在此阶段跨区域的自由贸易区和双边自由贸易区层出不穷；而"次贷危机"爆发至今是第五波浪潮的爆发期，突出表现是涉及"21 世纪新议题"的超高或较高自由化水平的自贸区开始涌现，比如 TPP、TTIP 和 RCEP 等。

几乎都认为区域经济一体化相对于全球性的自由贸易来说是"瘦身缩小"版的局部自由贸易，其也会像全球经济一体化一样，促进资源的自由流动和合理配置，进而也会提高区域内各方的经济福利水平。尽管区域经济一体化对经济福利提高的促进作用可能会低于全球经济一体化，会是一种达不到最佳状态的次优安排，但 Viner 的关税同盟理论通过对贸易创造和贸易转移两种静态效应的分析，首次提出关税同盟对参与方各成员经济福利的影响情况是不确定的，存在对成员经济福利的增加产生消极影响的可能，进而会不利于全球经济福利水平的提高，这一点具有划时代意义。

（二）关税同盟理论的经济增长思想及完善

Viner 的关税同盟理论的主要贡献在于通过对参与关税同盟的一方的经济福利收益进行剖析，提出了贸易创造和贸易转移的概念。

1. Viner 的关税同盟理论简述

关税同盟的特点就是对同盟内部取消关税，实行自由贸易，对来自同盟外进口的商品执行统一的关税政策，这是保证贸易创造和贸易转移顺利发生并不发生贸易偏转的前提。关税同盟理论的贸易创造效应是发生在成员经济体之间的，是指某成员经济体由于某种商品的劳动生产率低于其他成员，导致成本和价格更高，因此将会减少自身对该商品的生产，转而向生产效率更高、价格更低的其他成员国进口此种商品，扩大了成员国之间的贸易量，进口方的经济福利会增加。贸易转移效应涉及非成员经济体，结果是使贸易方向发生变化。具体是指关税同盟达成前，某经济体对外执行统一的关税，将从劳动生产率最高的非成员经济体进口成本最低的某种商品，由于关税同盟达成后对伙伴成员免征关税，导致在进口国市场上伙伴成员的商品销售价格低于同盟外经济体的销售价格（包含关税成本），因此会减少从关税同盟外部进口，改为从伙伴经济体进口。由于进口从成本最低的同盟外经济体转向成本高的伙伴成员经济体，这给进口成员造成了经济福利损失。

关税同盟是否会带来经济福利收益增加取决于贸易创造的收益减去贸易转移的损失剩下的净收益。若前者大于后者，则净收益为正，即经济福利增加；反之则反是。

采用局部均衡方法并在假设有三个经济体[①] A、B、C 和一种商品 M 的前提下对 Viner 的关税同盟理论进行详述（见图 3-1）。

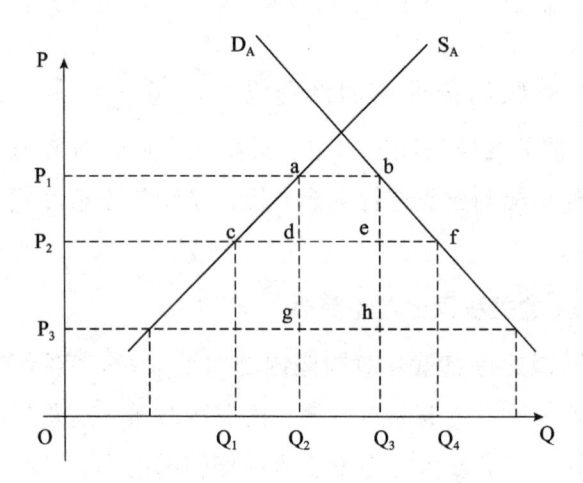

图 3-1　经济体 A 的商品供需情况

用图 3-1 来说明 Viner 首创的贸易创造和贸易转移效应。图 3-1 的横轴表示商品 M 的数量，纵轴表示 M 的价格；S_A 表示经济体 A 的供给曲线，D_A 表示 A 的需求曲线。P_1 表示经济体 A 内商品 M 的销售价格，P_2 表示经济体 B 内商品 M 的销售价格，P_3 表示商品 M 在经济体 C 内的销售价格，P_1P_3 表示 A 对从 B 或 C 进口的每单位商品 M 征收的关税大小。

---

① 本书中经济体指国家、地区或经济组织。

在 A、B 达成关税同盟之前，A 对进口商品均征收 P_1P_3 大小的关税。由于 $P_3 < P_2$，将导致 $P_3 + P_1P_3 < P_2 + P_1P_3$，因此 A 将从 C 进口 Q_2Q_3 数量的商品 M，以弥补自身生产供给不足和满足国内消费需求。此时 A 将获得关税收益，收益大小如四边形 abgh 的面积所示。

在 A 和 B 建立关税同盟后，双方分别对进口自对方的商品取消关税，但都保持对 C 的关税不变。此时尽管 $P_3 < P_2$，但由于 $P_3 + P_1P_3 > P_2$，因此 A 的进口贸易对象发生转移，将从 B 进口商品 M，放弃从 C 进口。A 内商品 M 的价格将由 P_1 降为 P_2，数量为 Q_1Q_2 的供需缺口由同盟伙伴 B 提供。此时 Q_1Q_2 和 Q_3Q_4 是贸易创造结果的需求量，相对应的，贸易创造的收益用三角形 acd（由生产规模的扩大带来的生产效应）和三角形 bef（由消费的增加带来的消费效应）的面积表示，这就是贸易创造效应；Q_2Q_3 是贸易转移掉的需求量，虽然建立关税同盟后也由 B 提供，但未能弥补的经济福利损失为四边形 degh 的面积，即发生贸易转移后损失的关税收入，这就是贸易转移效应。经济体 A 在建立关税同盟后的经济福利变动由贸易创造的收益和贸易转移的损失的差额决定，用图形面积表示为 acd+bef-degh。

还可以从生产者剩余和消费者剩余的角度来解释经济体 A 在建立关税同盟后的经济福利变动情况。建立关税同盟后，经济体 A 内商品 M 的价格由 P_1 降为 P_2，消费者剩余增加为四边形 P_1P_2bf 的面积，损失的生产者剩余为 P_1P_2ca 的面积，损失的关税收入为四边形 abgh 的面积，经济福利变动为增加的消费者剩余、损失的生产者剩余和关税收入的比较，即 P_1P_2bf-P_1P_2ca-abgh=acd+bef-degh，得到的结果与贸易创造和贸易转移的分析结果是一样的。

2. 关税同盟理论的拓展：B 和 C 的收益分析

Viner 的关税同盟理论虽然涉及经济体 B，但是对经济体 B 的收益情况未做明确说明，只是通过图 3-1 解释了缔结关税同盟后由于贸易创造和贸易转移效应带给经济体 A 的经济福利收益影响情况。下面根据图 3-2 对经济体 B 缔结关税同盟后的收益进行说明。

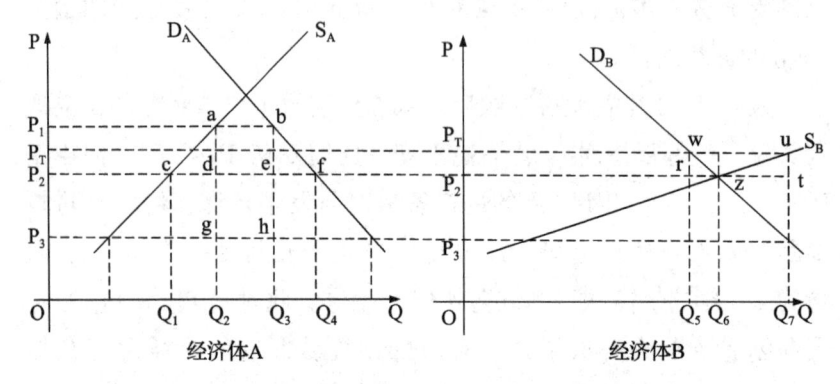

图 3-2 关税同盟建立后的经济影响

假设 B 在与 A 建立关税同盟前国内对于商品 M 的供给和需求达到均衡状态，供给量和需求量均为 Q_6。A、B 达成关税同盟后，A 和 B 根据协商一致的原则设定共同的对外关税水平 P_T，$P_T > P_2$ 说明关税同盟会造成 B 内商品 M 的价格上升至 P_T。在 P_T 的价格水平下，B 内的需求量萎缩至 Q_5，带来的消费损失用三角形 wrz 面积表示；供给量增加至 Q_7，表明 B 内多余的资源被消耗，成本用三角形 uzt 面积表示。B 新增的出口收入用四边形 $wuQ_5Q_7 - rtQ_5Q_7 =$ wurt 的面积表示，关税同盟建立后 B 的收益为 wurt $-$ wrz $-$ uzt $=$ wuz。因此，在图 3-2 所示情况下，建立关税同盟将使 B 经济体的经济福利水平提高。

此外，对于经济体 C 来讲，B 在与 A 建立关税同盟后，它与关税同盟各经济体的贸易将会减少，因此关税同盟带给 C 不利影响。

3. 对关税同盟理论经济增长效应的完善

在 Viner 提出关税同盟理论的贸易创造和贸易转移效应之后，Meade（1955）、Johnson（1960、1965）及 Panagariya（1996）等

经济学家在 Viner 的理论基础上提出了消费效应、收入转移等经济效应，Balassa（1961）提出了关税同盟的动态效应等一系列效应，进一步充实和完善了关税同盟的经济增长效应理论思想。

（三）关税同盟理论引起的区域经济一体化理论大发展

关税同盟理论的提出引发了区域经济一体化理论的大发展，众多区域经济一体化理论学说不断涌现。

1. 次优理论

次优理论是 Meade（1955）首次提出的，但 Meade 只是借助这一说法来说明和解决福利问题，没有将这一说法真正发展成为一个理论。著名经济学者 Lipsey 和 Lancaster（1956、1957）在 Meade 的贡献基础上首次系统阐述并提出了一般次优理论（The General Theory of Second Best，通常称为次优理论），因此，次优理论的创立和发展主要归功于 Lipsey 和 Lancaster。

次优状态是相对于帕累托最优状态而言的。要了解次优理论，必须首先了解帕累托最优状态及满足帕累托最优状态的条件。帕累托最优状态是指任何使一个人状况变好的变动都会使至少另外一个人的状况变坏时的状态。例如，在一辆拥挤的公共汽车上，再上车一位乘客一定会让至少一位乘客被挤下去时的状态就称为达到了帕累托最优。

满足帕累托最优应是在完全竞争的环境下，即要满足完全竞争的所有条件（参与买卖的双方人数足够多、同一种商品具有完全同质性、任何一种资源进出市场无任何障碍，以及任何一位买者和卖者都对商品交易的相关市场信息完全掌握），还要满足交换的最优条件、生产的最优条件及生产和交换的同时最优条件。[①]

相对于帕累托最优情况下均衡的最优状态，其他不满足任意一个或几个帕累托最优条件的状态只可能是接近于最优状态的次

---

① 高鸿业. 西方经济学（微观部分）[M]. 三版. 北京：中国人民大学出版社，2004.

优状态，还仍然存在帕累托改进。同时次优理论下达到 n－m 个条件的次优状态不并一定优于达到 n－m－k 个条件时的次优状态（n 指达到经济效率时的帕累托最优状态要满足的全部条件的个数，1＜m＜n，1＜k＜n，同时 m＋k＜n，n、m、k 都是整数）。①

次优状态本质上是一种缺乏经济效率的状态，但却是比帕累托最优状态更接近实际情况的状态。

2. 新区域主义

新区域主义是相对于传统区域主义（旧区域主义）而言的，传统区域主义是指 20 世纪五六十年代兴起的自贸区建设浪潮。经过 20 世纪 70～80 年代的区域经济一体化低潮和 90 年代初期冷战结束，从 20 世纪 90 年代初期区域经济一体化又开始在全球兴起，这一新浪潮被称为新区域主义。新区域主义早期代表性的自贸区事件是希腊、西班牙和葡萄牙加入欧洲共同体、北美自由贸易区（North American Free Trade Agreement，NAFTA，中文简称北美自贸区），以及欧洲联盟（European Union，EU，中文简称欧盟）东扩接纳东欧新成员等。新区域主义的重要特点是"北—南"型自贸区不断涌现，不再局限于"北—北"型和"南—南"型的传统自贸区形式。

Palmer（1991）是较早提出新区域主义理论的代表性学者。综合 Palmer 和 Ethier（1998）、Fernandez 和 Portes（1998）、陈勇（2005）、张学良（2005）、郑先武（2007）及赵亚南（2014）等国内外学者的观点，本研究从不同维度和角度分析认为新区域主义的主要特征有以下三点。

（1）出现了两个不对称性。第一个不对称表现在参与区域合作的伙伴经济体的实力不对称，即"大国"或发达经济体与"小

---

① 吴汉洪，封新建. 次优理论在国际贸易政策中的应用[J]. 中国人民大学学报，2001（5）：46-51.

国"或欠发达经济体的实力不对称。当然此处的"小国"是相对"大国"而言的,因为在 NAFTA 中的墨西哥就被认为是"小国",但墨西哥的领土面积和经济总量等指标在全世界的排名是处于上游的,但在欧盟与非洲一些国家的自贸区合作中,非洲的那些经济体就是名副其实的"小国"。第二个不对称表现在让步的不对称,即"小国"往往在合作交往中处于劣势,谈判往往要做出更多的让步,这对"小国"来讲有利有弊,"有利"是指可以倒逼"小国"的国内改革,"有弊"是指将对"小国"国内的弱势产业部门带来较大冲击。

(2) 非"区域"性。这里的"区域"是指相近和相邻的地理概念,但目前的跨区域、跨洲际及广域自贸区层出不穷。合作的经济体并不仅限于"区域"的范围之内,跨区域、跨洲际和广域的自贸区也正成为新的发展趋势,特别是在与周边的经济体基本达成区域协定后,寻找远距离的合作伙伴进行"北—北"(比如美国与欧盟的跨大西洋贸易与投资伙伴关系协定)、"北—南"(比如欧盟与东盟的自贸区谈判)、"南—南"(中国与南部非洲关税同盟的自贸区可行性研究)一体化合作成为一种必然。

(3) 合作领域的二维深化。二维深化指合作领域在广度和深度层面上的深化,现在的新区域主义已经进入一个新的发展阶段,在合作领域上有异于 20 世纪末期的新区域主义,20 世纪末期"大国"和"小国"一体化合作就被认为是新区域主义,但那时的新区域主义在合作领域方面仍和传统区域主义相似(主要集中在经济领域的关税减免方面)。但当下的新区域主义,其合作领域的二维化特征更加突出和明显,广度是指合作范围不仅限于减免关税,非关税壁垒也成为重要议题,此外,合作不仅限于经济领域,非经济领域的"21 世纪新议题"合作也在开展;深度是指零关税、无例外等正成为新的发展潮流。

3. "垫脚石"和"绊脚石"之争

区域经济一体化是阻碍了全球经济一体化的发展，还是在多边谈判举步维艰的情况下进行"曲线救国"，推动全球经济一体化的发展？此问题一直是国际经济学家争论的焦点。对此，著名经济学家 Bhagwati（1993）专门提出了描述这一问题的"垫脚石"和"绊脚石"之争。

"垫脚石"即表示区域自由化是全球自由化的重要途径和步骤。全球性的经济一体化可以从局部的区域经济一体化开始，尤其是在全球性多边贸易谈判屡遭严重挫折（如 GATT 主导的乌拉圭回合谈判），甚至停滞不前（如 WTO 主导的多哈多边回合谈判），无法给全球的经济贸易交往带来惠利之际，局部的自由化可以"以点带面"，最终达到从不断增多、蓬勃发展的区域经济一体化的量变到全球经济一体化的质变的效果。这也符合《1994 年关税与贸易总协定》所表达的允许发展地区主义，但应发展的是开放的，对非成员经济体是无歧视的地区主义的立场。

"绊脚石"是指区域自由化仅是在成员伙伴国内部执行一定的贸易自由化，而对非成员则进行关税和非关税贸易歧视，因此会产生贸易转移效应，减少与区域外非成员经济体的贸易往来，是一种地区保护主义，不利于全球性多边贸易自由化的发展和构建。区域主义的兴起，会使得多边贸易谈判的曲折之路雪上加霜，众多国家越来越热衷于参与成员少并且更易达成一致的自贸区，尤其是双边自贸区。

4. "意大利面条碗"现象

Bhagwati（1995、2002）提出了"意大利面条碗"的概念。这一现象是指大量区域贸易协定在全球范围内涌现，若用线将缔结区域协定的伙伴国联系起来，那么在同一地区会出现有交错无序、盘根错节的大量线条，看起来就像一碗意大利面（见图 3-

3)。"意大利面条碗"带给区域经济一体化的主要是消极影响，因为在同一经济体与不同经济体的不同一体化协定当中，由于这些不同的一体化协定所规定的原产地规则和各类优惠措施不可能都一样，因此加大了某一经济体与不同伙伴经济体经济贸易往来的烦琐程度，客观上增加了进关的难度和耗费的时间。可能正是基于对"意大利面条碗"消极影响的考虑，墨西哥曾经在达成NAFTA和部分自贸区后宣布今后一段时间将不再开展新的自贸区谈判，以减少与不同经济体的不同贸易协议造成的贸易交往烦琐和贸易进出口不便。

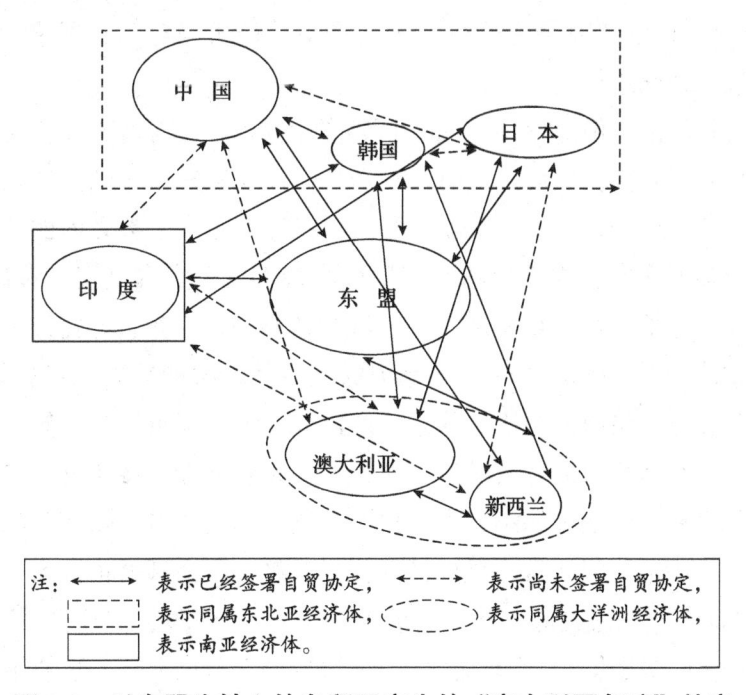

注：⟶ 表示已经签署自贸协定，⟵--- 表示尚未签署自贸协定，▭ 表示同属东北亚经济体，◯ 表示同属大洋洲经济体，▫ 表示南亚经济体。

图 3-3　以东盟为轴心的自贸区产生的"意大利面条碗"效应

资料来源：根据东盟网站（http：//www.asean.org/）、WTO/FTA 咨询网（http：//chinawto.mofcom.gov.cn/）和中国自由贸易区服务网（http：//fta.mofcom.gov.cn/）提供的资料整理而得。东盟与南半球的澳大利亚、新西兰两国共同签署了一份自贸协定，即"东盟—澳大利亚—新西兰自由贸易区"（Asean-Australia-New Zealand Free Trade Area, AANZFTA）。

通过分析"意大利面条碗"所反映的纷繁复杂的众多区域贸易协定，可以"抽丝剥茧"分析出一些经济实力强的"大国"同时也是参与区域经济一体化的"活跃分子"。它们与全球或某一地区的其他经济体缔结了较多的区域一体化协定，构成了以它为轴心的自贸区结构，呈放射状辐射自贸区伙伴国。当然各个辐条国之间也可能会有区域贸易协定，但这并不影响轴心国的"驾驶员"地位，这也就是下面涉及的"轮轴—辐条"现象。

5. "轮轴—辐条"结构

Ronald 和 Kowalczyk（1992）以美洲为研究区域、Baldwin（1994）以欧洲为研究区域，分别提出并分析"轮轴—辐条"的区域一体化结构。

轮轴国一般是全球或某一区域的"大国"，辐条国是相对于"大国"而言的"小国"，但也有例外。比如以东盟为轴心的众多自贸区，中国、日本、印度、澳大利亚等均在大多数方面的综合实力强于东盟，但东盟巧妙利用以小博大的"大国制衡"策略，担任东亚地区众多自贸区的轴心国和"驾驶员"角色。此外，从全球范围看，轴心国可能是单个的经济体，比如美国、南非等；也可能是经济组织，比如欧盟、东盟等。轴心国也可以有等级划分，从全球目前的区域经济一体化发展现状来看，按照轴心经济体的世界经济地位和影响力、辐射区域范围大小及"驾驭"的经济体经济地位等因素，至少可划分为三级，从高到低依次为"一级轴心""二级轴心"和"三级轴心"。"一级轴心"只有欧盟和美国，"二级轴心"有东盟等，"三级轴心"有南非等。还有下一级轴心可能成为上一级或上两级轴心的辐条国，比如若欧盟与东盟达成自贸区，那么东盟就会成为欧盟这个"一级轴心"的辐条国。

20 世纪末期，在全球和局部区域的自贸区中，"轮轴—辐条"结构开始逐渐蔓延。新区域主义的出现为"轮轴—辐条"结构效应的提出提供了更多区域经济一体化组织的数量基础，透过"意大利面条碗"效应也可以窥见"轮轴—辐条"结构效应的轮廓。从全球范围观察，目前已形成以美国、欧盟为"一级轴心"的格局；从局部区域来看，也形成了以某个经济体为主导的"轮轴—辐条"结构，例如在东亚存在以东盟为主导的"10＋6"合作机制和 RCEP 协定等，非洲南部形成以南非为核心的南部非洲关税同盟等（见图 3-4）。

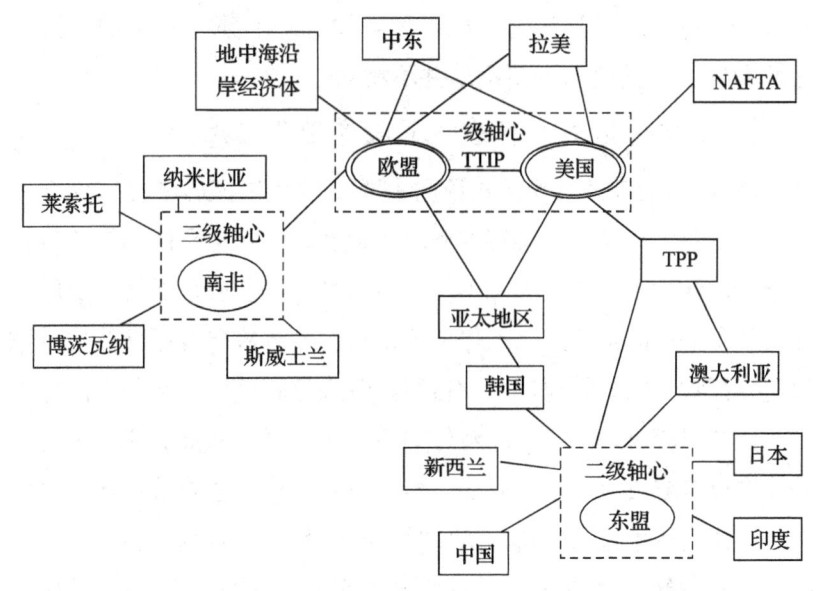

图 3-4　全球自贸区的"轮轴—辐条"局部结构

资料来源：WTO 网站（https://www.wto.org/）和中国自由贸易区服务网（http://fta.mofcom.gov.cn/），同时参考了赵世璐（2013）的"轮轴—辐条"图示。

新区域主义、"意大利面条碗"效应与"轮轴—辐条"效应是有较大联系的理论和效应。由于 20 世纪 90 年代初期新区域主义的兴起，区域经济一体化协定，尤其是自贸协定数量迅速增长，造成"意大利面条碗"现象。在"意大利面条碗"现象中通过"抽茧剥丝"又可以发现"轮轴—辐条"效应。

三、提出：自贸区理论的经济增长思想

专门研究自贸区经济效应的相关理论较少，其中主要有 Meade（1955）和 Robson（2001）的自贸区理论，其中又以 Robson 的自贸区理论最具代表性。自贸区理论都是在关税同盟理论的基础上发展而来的，其中 Meade 的自贸区理论是在 Viner 的关税同盟理论基础上建立起来的，Robson 的自贸区理论是在学者们对 Viner 的关税同盟理论逐步完善后的基础上建立起来的，因此这两大自贸区理论的主要贡献并不相同。

（一）Meade 自贸区理论的经济增长思想

Meade（1955）自贸区理论的主要贡献在于提出了自贸区会发生贸易偏转，并对贸易偏转的概念、贸易偏转对自贸区的影响进行了分析，认为由于自贸区并不像关税同盟一样各成员保持一致的对外关税水平，而是相互之间保持关税独立，对从自贸区外非成员进口商品征收不同的关税，因此自贸区各成员的关税水平就有高低之分。而利用成员之间不同的对外关税水平，可以从低关税水平的经济体进口非成员经济体的商品，然后在其他执行较高关税水平的成员经济体内转手进行销售，这就是 Meade 阐述的贸易偏转。

贸易偏转分为直接贸易偏转和间接贸易偏转，Meade 所指的贸易偏转是直接贸易偏转，在自贸区内执行的原产地原则可以防范和规避直接贸易偏转。而间接贸易偏转是指在自贸区内某商品价格低的成员国在向另一成员国供给这种商品后，再从外部非成员国进口价格更低的这种商品，以满足本国的消费需要，不涉及向其他成员国销售这种进口的非成员国商品，同时原产地规则不能解决和避免间接贸易偏转问题。

（二）Robson 自贸区理论的经济增长思想

研究自贸区经济效应方面的理论中最具代表性的是 Robson

第三章 自贸区经济增长思想的理论演进

(2001)的自贸区理论。Robson 在关税同盟理论的基础上,提出了专门研究自贸区经济效应的理论,他认为自贸区有如下两个显著的特点:自贸区内部各成员之间执行自由贸易,但保留各自不同的海关税收政策,即不实行统一的对外关税;在自贸区内切实遵守原产地规则,自贸区内的原产地规则是指要在自贸区内进行自由贸易的商品必须是全部或主要部分原产自各成员内部的商品。这两个特点是自贸区有别于包括关税同盟在内的其他区域经济一体化类型的主要特点。

Robson 自贸区理论可以通过两国模型和一国模型的形式来详细阐述。首先从两国模型的角度来探究自贸区的经济增长效应。

假定 A、B 两个经济体对商品的需求情况较一致,A 经济体内的单位商品劳动生产率低于 B 经济体内的单位商品劳动生产率,因此 A 的商品价格 P_1 会高于 B 的商品价格 P_2。另假定 B 的商品供给曲线弹性大于 A 的商品供给曲线,因此供给曲线 S_B 较 S_A 更平缓一些。价格 P_3 表示同种商品的世界价格,假定 P_3 低于 P_1 和 P_2。此外,A 对进口的单位商品征收 P_1P_3 大小的关税。假设没有运输成本(见图 3-5 和图 3-6)。

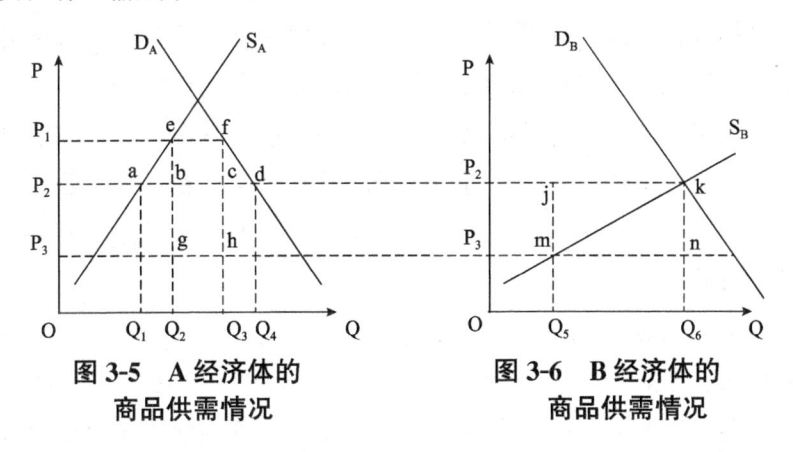

图 3-5 A 经济体的商品供需情况

图 3-6 B 经济体的商品供需情况

由图 3-5 和图 3-6 可知,A、B 在达成自贸区之前,A 在价格 P_1 下对商品的需求量为 Q_3、供给量为 Q_2,供需缺口 Q_2Q_3 会以价

格 P_3 从世界价格最低的其他经济体进口（$P_2+P_1P_3 > P_3+P_1P_3$，故排除从 B 进口的可能）；B 在价格 P_2 下对商品的需求量和供给量达到平衡，数量均为 Q_6。

经济体 A、B 达成自贸区后，在自贸区内，A 不会向从 B 进口的商品征收关税，此时 $P_3+P_1P_3 > P_2$，因此 A 将向 B 进口商品，B 将以低于 P_1 的价格 P_2 为 A 提供其短缺的商品（数量为 Q_1Q_4），此时在 A 内部会产生有利于 A 福利提高的贸易创造效应和会降低 A 福利水平的贸易转移效应。贸易创造效应的大小为图 3-5 中三角形 abe（表示生产利得或生产效应）和三角形 cdf（表示消费利得或消费效应）代表的面积之和，贸易转移效应的大小为四边形 bcgh 的面积，A 能否从与 B 建立的自贸区中获取经济收益取决于三角形 abe、cdf 的面积之和与四边形 bcgh 面积的大小，即 abe+cdf-bcgh。也可以阐述为消费者剩余比生产者剩余多的部分四边形 efda 与不以价格 P_3 进口所损失的关税收入四边形 efgh 之差，即 efda-efhg= abe+cdf-bcgh。

假定 Q_1Q_4 与 B 中的数量 Q_5Q_6 相等，那么 B 在将商品出口给 A 后，为了满足自身对商品的需求数量，将会以 P_3 的价格（包括对进口的每单位商品征收的 P_2P_3 大小的关税）从自贸区外的世界其他经济体进口 Q_5Q_6 数量的商品。在此过程中，供给和需求依然保持原来的平衡无变化，另外，由于 B 保持对自贸区外的进口关税不变，因此 B 进口商品将获得海关征税收入，收入大小如图 3-6 中四边形 jkmn 的面积。因此，B 与 A 达成自贸区后 B 的经济效应为正，会获得额外的经济收益。

由上述分析可知，组建自贸区后，将更加有利于劳动生产效率更高、商品价格更低的经济体，其经济收入和福利水平会提高，而对于劳动生产效率较低的经济体，其福利水平是否能得到提高，将取决于建立自贸区所产生的贸易创造效应和贸易转移效应的大小。总体来讲，自贸区能否驱动各成员获取经济收益的情况是不一致的,但整体的情况是乐观的。

下面再从一个经济体的角度来分析自贸区会产生的经济福利影响(见图 3-7)。

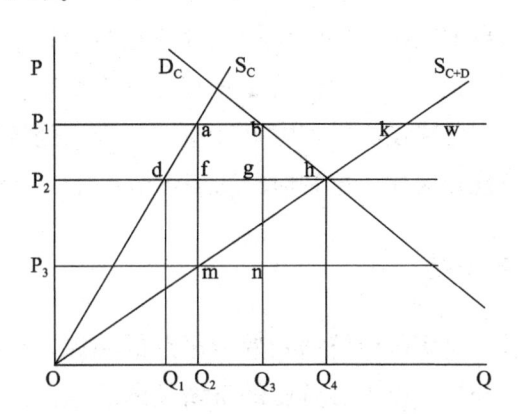

图 3-7 经济体 C 的商品供需情况

假设有 C、D 两个经济体,C 的生产效率低于 D,D_C 为 C 的需求曲线,S_C 为 C 的供给曲线,S_{C+D} 为 C、D 的供给曲线之和,P_1 为 C 的产品价格,P_2 为 C、D 两个经济体达成自贸区之后的价格,P_3 为世界价格,而且 $P_3 < P_2 < P_1$。

根据图 3-7 可知,在 C 执行非禁止性关税的情况下,C 将以价格 P_3 进口商品,但在征收关税 P_3P_1 后,进口商品的价格增为 P_1,此时的供给量为 Q_2,需求量为 Q_3,进口数量为 $Q_3 - Q_2 = Q_2Q_3$。

C、D 达成自贸区(CDFTA)之后,若(在 CDFTA 下)仍然是净进口,那么原产自经济体 C 内的商品价格就会介于 P_2 与 P_1 之间,此时 C 的供给曲线就是 P_2hkw。在 P_2 水平上,供给量为 Q_1,需求量为 Q_4,从伙伴国 D 的进口数量为 $Q_4 - Q_1 = Q_1Q_4$。经济体 C 将获得的社会福利大小根据消费者剩余与生产者剩余、征税收入减少之间的差额来判断。增加的消费者剩余为 P_2hbP_1,损失的生产者剩余为 P_2daP_1,征税收入减少 abmn = abgf + fgmn,因此,C 将获得的社会福利 = P_2hbP_1 − P_2daP_1 − (abgf + fgmn) = afd + bgh − fgmn。故 C 是否会因为达成自贸区而获得积极的社会福利效应将取决于 afd+bgh-fgmn 结果的正负。

由上述分析可知，自贸区是否会驱动某个成员的经济增长尚不能准确判定，它将取决于一系列经济效果正负抵消后的结果。因此，对我国自贸区建设的经济增长效应进行研究十分必要，研究将得出我国自贸区是否对经济增长存在积极影响，研究结论将给我国今后自贸区建设的发展方向和整体规划、经济增长的改革和创新，以及自贸区如何更好地驱动经济增长提供参考依据。

四、本章小结

本章通过对自贸区经济增长效应思想的渊源、基石和提出三方面进行深入分析，得出自贸区经济增长的思想渊源在于古典经济学、新古典经济学等提出的自由贸易经济增长思想。经济体通过自由贸易可以增加国民财富，从而获得经济增长，而自贸区正是自由贸易思想在一定区域范围内的实践。随着自贸区等区域经济一体化的发展，专门研究区域经济一体化的理论——关税同盟理论出现，这是自贸区理论产生的基础。随着区域经济一体化的发展，次优理论、新区域主义、"垫脚石"和"绊脚石"之争、"意大利面条碗"，以及"轮轴—辐条"等区域经济一体化思想、学说开始涌现，极大地充实了区域经济一体化的理论宝库。在关税同盟理论的基础上，Meade、Robson 分别提出了专门的自贸区理论，并且在关税同盟理论经济增长思想的启发下，Meade、Robson 在各自的自贸区理论中也提出或论述了贸易偏转、原产地规则，以及贸易创造、贸易转移等影响经济增长的思想。因此，自贸区理论经济增长思想的基石也就是关税同盟理论的经济增长思想。而 Meade、Robson 的自贸区理论经济增长思想意味着自贸区理论经济增长思想的正式提出。但同时，目前专门研究自贸区经济增长的理论依然较少，仍有待发掘和研究。总之，本章为本书接下来的一系列研究提供了思想理论基础。

第四章　自贸区驱动经济增长的数理模型及作用机制探究

本章通过数理模型的构建和推导来验证自贸区内取消产品（包括最终产品和中间产品）贸易壁垒，提高贸易自由化和便利化水平对成员经济增长的影响情况，为自贸区驱动经济增长提供数理基础。在数理分析的基础上，重点梳理和分析自贸区驱动经济增长的作用机制，找出自贸区通过哪些途径对经济增长产生驱动作用，这些作用途径的具体过程如何。

一、数理模型构建

由于本研究探讨的是自贸区的经济增长效应问题，自贸区主要通过削减贸易壁垒来促进产品（最终产品和中间产品）的自由贸易，尚未涉及诸如要求对外一致关税的关税同盟阶段和劳动力、资本等生产要素自由流动的共同市场阶段等更高层次的区域经济一体化阶段，因此模型构建主要考虑的是自贸区通过取消产品贸易障碍进而提高产品在自贸区内的自由流动性所产生的经济增长效应情况。研究主要借鉴 Walz（1997）和郑晶（2009）关于区域经济一体化经济增长模型的构建方法。

（一）数理模型构建前提假定

假定全世界有三个国家，即 A 国、B 国和 D 国[①]；有三种产品，即传统产品 Z、工业品 Y（Z、Y 都属于最终产品）和中间产

---

① 由于字母 C 在本模型中用于表示消费量，故没有 C 国。

品 X。三种产品的生产函数分别为

$$Z^i = L_Z^i / a_Z^i \tag{4-1}$$

$$Y^i = \Gamma^i (L_Y^i)^\alpha \left[\int_0^n s^i(h)^\gamma dh \right]^{\frac{1-\alpha}{\gamma}} \quad 0 < \alpha, \gamma < 1 \tag{4-2}$$

$$X^i(h) = L_x^i(h) / a_x^i \tag{4-3}$$

i 表示 A、B 或 D 国，L 表示劳动力投入，a、Γ 都是生产投入系数，$s^i(h)$ 表示异质性的一些中间产品，$h \in [0, \infty]$。

由式（4-1）和式（4-3）可知，传统产品和中间产品的生产投入要素是劳动力。由式（4-2）可知，工业品的投入要素是劳动力和中间产品，也可以得出中间产品 X 只用于生产工业品 Y，是只为工业品生产服务的。因此，三种产品的生产可以由传统部门和工业部门两大生产部门完成，而且传统部门只生产传统产品，工业部门负责工业品和中间产品的生产。因此构建了三个国家、三种产品和两大部门的"3×3×2"模型。

假定各国的家庭消费偏好相同，每个家庭的消费效应与对工业品的消费 C_Y 和传统产品的消费 C_Z 有关，因此，各国对工业品 Y 和传统产品 Z 的总需求可以根据各国对 Y 和 Z 的总消费支出计算得出：

$$p_Y^i C_Y^i = \theta E^i \tag{4-4}$$

$$p_Z^i C_Z^i = (1-\theta) E^i \tag{4-5}$$

总需求用消费价格 p 和消费水平 C 的乘积表示；E 表示总消费支出，$\sum E^i = E^A + E^B + E^D$。

根据传统产品生产函数（式 4-1）和工业品生产函数（式 4-2），并且假定企业生产规模不变和市场完全竞争，因此传统产品和工业品的产品生产价格可以根据各自的生产成本来确定：

$$q_Z^i = a_Z^i w^i \tag{4-6}$$

$$q_Y^i = (\Gamma^i)^{-1} F(w^i)^\alpha \left[\int_0^n p_x^i(h)^{1-\varepsilon} dh \right]^{\frac{1-\alpha}{\varepsilon}} \tag{4-7}$$

F 为大于零的系数，w 表示工资率。$\varepsilon = \dfrac{1}{1-\gamma}$，由于在式（4-2）中已说明 $0<\gamma<1$，因此，$\varepsilon>1$。

综合式（4-1）和式（4-6）可以得出，由于传统产品的投入要素是劳动力，因此成本是劳动力工资；综合式（4-2）和式（4-7）可以得出，工业品的投入要素是劳动力和中间产品，因此成本是劳动力工资和购买中间产品的支出。

（二）产品贸易壁垒

先分析中间产品的贸易壁垒。用于工业品生产的中间产品的贸易成本由运输成本和贸易壁垒两部分构成。运输成本按照"冰山成本"的处理原则，φ_x^1（$0<\varphi_x^1<1$）表示每 1 单位的中间产品 X 中到达目的地的单位数量，"冰山"损失为 $1-\varphi_x^1$ 个单位。此外，每单位中间产品的贸易壁垒用 φ_x^2（$0<\varphi_x^2<1$）表示，那么中间产品部门的总贸易成本为 $\varphi_x = \varphi_x^1 \varphi_x^2$，在建立自贸区后完全取消贸易壁垒的情况下，$\varphi_x^2 = 1$，因此，$\varphi_x = \varphi_x^1$。

再分析最终产品的贸易成本。在最终产品部门，用 $k^{i,j}$ 表示进口国 i 国对出口国 j 国的最终产品的贸易壁垒，那么 A 国与 D 国的出口或进口贸易往来的贸易壁垒为 $k^{D,A}$、$k^{A,D}$，B 国与 D 国的出口或进口贸易往来的贸易壁垒为 $k^{D,B}$、$k^{B,D}$，A 国与 B 国的出口或进口贸易往来的贸易壁垒为 $k^{B,A}$、$k^{A,B}$。

由于 φ_x 的存在，因此对中间产品在 j 国的生产和在 i 国的消费会有：$x^j(h) = s^i(h)/\varphi_x$（若 $j=i$，则表明是在一国内部流动，无贸易壁垒，此时 $\varphi_x = 1$）。

由于贸易壁垒 $k^{i,j}$ 的存在，对于最终产品 ζ（$\zeta = Y, Z$）的价格和产量分别会有：$p_\zeta^i = q_\zeta^i/k^{i,j}$；$\zeta^i = C_\zeta^i/k^{i,j}$。

（三）中间产品生产的利润函数

中间产品 X 是由垄断竞争企业进行生产，这与两种最终产品

Z、Y 由完全竞争企业进行生产不同,但中间产品与传统产品的生产价格(生产成本)$q_Z^i = a_Z^i w^i$ 类似,中间产品的生产也只与工资率有关。①

i 国垄断厂商中间产品生产的总利润为单位产品的利润与产量的乘积,单位产品的利润又是生产价格与单位成本(由式 4-3 可知,中间产品生产的主要投入要素是劳动力,因此单位成本应是单位劳动力的工资)之差,所以异质性中间产品的利润函数为

$$G_x^i(h) = [q_x^i(h) - a_x^i w^i] X^i(h) \tag{4-8}$$

产量 $X^i(h)$ 由本国生产工业品的厂商对中间产品的需求和其他国家生产工业品的厂商对中间产品的需求两方面决定,见式(4-9)。

$$X^i(h) = \frac{q_x^i(h)^{-\varepsilon}}{\int_0^n p_x^i(h')dh'}(1-\alpha)q_Y^i Y^i +$$

$$\sum_{j \neq i} \frac{\varphi_x^{\varepsilon-1} q_x^i(h)^{-\varepsilon}}{\int_0^n p_x^i(h')dh'}(1-\alpha)q_Y^i Y^j \tag{4-9}$$

结合式 (4-8) 和式 (4-9),并考虑 $\varepsilon = \dfrac{1}{1-\gamma}$,可以得到中间产品的生产价格函数:

$$q_x^i(h) = a_x^i w^i / \gamma ② \tag{4-10}$$

由上式可知,中间产品的生产价格只与本国投入的劳动力的工资率有关,与其他因素无关。但是中间产品的消费价格 $p_x^i(h) = q_x^i(h)/\varphi_x$ (若 $j = i$ 则表明在一国内部流动无贸易壁垒,此时 $\varphi_x = 1$),表明中间产品的消费价格既与本国和其他国家的需求有关,亦与运输成本(指冰山成本 φ_x^i)有关。

下面分析中间产品研发情况。由于企业竞争需要不断投资研发

---

① 根据式 (4-3) 可以得出这一结论。
② 由于 $0 < \gamma < 1$,因此 $q_x^i(h) > a_x^i w^i$。

新型中间产品,中间产品是不断推陈出新的,i 国会通过智力投入和劳动力投入进行研发新产品,因此研发生产函数设定为 $\dot{n}^i = L_n^i K$。

令整体创新率 $g = \dot{n}/n$,其中 n 为全世界已经生产出来的中间产品,$\dot{n}$ 是研发出来的新的中间产品。研发成本 $c_n^i = w^i/n$。

资本市场均衡的无套利条件为 i 国每单位投入成本的总收益 G_x^i/c_n^i 和预期的资本损失或收益 $\hat{w} - g$ 之和等于 i 国的无风险市场利率 r^i。

$$G_x^i/c_n^i + (\hat{w} - g) = r^i \tag{4-11}$$

(四) 世界范围内的市场均衡

世界范围内的市场均衡包括最终产品的市场出清和劳动力市场出清两大部分。

由于建立自贸区后,最终产品可以在自贸区内实现自由流动,因此世界范围内的最终产品市场出清要求 A、B 和 D 三国对工业品和传统产品的总供给、总需求和总消费支出达到均衡,即:

$$\sum_j q_Y^j Y^j = \sum_i p_Y^i C_Y^i = \theta \sum_i E^i = \theta \text{①} \tag{4-12}$$

式 (4-12) 表明,全世界工业品的总供给等于全世界工业品的总需求等于全世界工业品总消费支出。

$$\sum_j q_Z^j Z^j = \sum_i p_Z^i C_Z^i = (1-\theta) \sum_i E^i = 1 - \theta \tag{4-13}$$

式 (4-13) 表明,全世界传统产品的总供给等于全世界传统产品的总需求等于全世界传统产品的总消费支出。

由于自贸区只涉及产品的自由流动,尚未实现劳动力的自由流动,因此各国的劳动力市场分别均衡就可以实现全世界劳动力市场出清,即:

$$L^i = n^i L_x^i + L_n^i + L_Y^i + L_Z^i \tag{4-14}$$

---

① 世界范围内对传统产品或工业品的总消费支出 $\sum_i E^i = E^A + E^B + E^D = 1$。

式（4-14）表明，各国的劳动市场均衡要求对劳动力的总供给等于中间产品生产对劳动力的需求、中间产品研发对劳动力的需求、工业品生产对劳动力的需求和传统产品研发对劳动力的需求四者之和。

（五）稳态均衡下的产品国际分工与生产

假定 A 国是生产技术更先进的国家，在工业制成品的生产上具有优势，专业化生产工业制成品，同时也生产中间产品，以及投入开发新的中间产品和进口传统产品。B 国既生产工业制成品又生产传统制成品，但不生产中间产品，需要进口中间产品。D 国在传统产品生产上具有比较优势，因此集中资源专业生产传统产品，放弃工业品生产并通过进口工业品满足国内需求。D 国的贸易政策和劳动力流动政策不变动，也就是说，D 国不与其他国家建立自贸区等区域经济一体化形式的合作，贸易壁垒不会削减。只有 A 国与 B 国建立自贸区，记为 ABFTA。

对于自贸区 ABFTA 和 D 国的贸易活动来讲，ABFTA 主要出口工业制成品、进口传统制成品，而 D 国出口和进口的产品正好与之相反。

按照以上国际分工模式，并结合式（4-14）可以得到各国对劳动力的总供给和总需求均衡的具体情况：

$$L^A = n^A L_x^A + L_n^A + L_Y^A + 0 = \frac{\gamma\theta(1-\alpha)}{w^A} + \left[\frac{(1-\gamma)\theta(1-\alpha)}{w^A} - \rho\right] +$$

$$\frac{\alpha\theta s_Y^A}{w^A} = \frac{\theta(1-\alpha)}{w^A} - \rho + \frac{\alpha\theta s_Y^A}{w^A} \quad (4\text{-}15)$$

$$L^B = 0 + 0 + L_Y^B + L_Z^B = \frac{\alpha\theta s_Y^B}{w^B} + \frac{(1-\theta)s_Z^B}{w^B} \quad (4\text{-}16)$$

$$L^D = 0 + 0 + 0 + L_Z^D = \frac{(1-\theta)s_Z^D}{w^D} \quad (4\text{-}17)$$

s_ζ^i 表示 i 国生产的某种最终产品 ζ 所占的世界市场份额。

由于 A 国不生产传统产品，因此需要从 B 国和 D 国进口传统产品；D 国不生产工业品，因此需要从 A 国和 B 国进口工业品，所以有 $p_Z^{A,B}=p_Z^{A,D}$、$p_Y^{D,A}=p_Y^{D,B}$①。由于前面已知 $p_\zeta^i=q_\zeta^i/k^i$，因此会有 $p_Z^{A,B}=\dfrac{q_Z^B}{k^{A,B}}$，$p_Z^{A,D}=\dfrac{q_Z^D}{k^{A,D}}$，并可以推导得出：$\dfrac{q_Z^B}{k^{A,B}}=\dfrac{q_Z^D}{k^{A,D}}$。

同样，$p_Y^{D,A}=\dfrac{q_Y^A}{k^{D,A}}$，$p_Y^{D,B}=\dfrac{q_Y^B}{k^{D,B}}$，可以推导得出：$\dfrac{q_Y^A}{k^{D,A}}=\dfrac{q_Y^B}{k^{D,B}}$。

为分析简便，假定 $k^{D,A}=k^{D,B}$，因此有 $q_Y^A=q_Y^B$。

$\mu=\dfrac{n^A}{n^B}$ 表示 A、B 两国生产的中间产品的产量比，由于 B 国不生产中间产品，② 因此 $n^B=0$，可以推导出 $\mu=\infty$。此外，已知 $q_Y^A=q_Y^B$，故存在工资率：

$$\omega=\frac{w^A}{w^B}=\varphi_x^{(\alpha-1)/\alpha}>1 \tag{4-18}$$

在稳态均衡状态下，结合式（4-16）和式（4-17），可以首先得到 B 国传统产品生产所占的世界市场份额：

$$s_Z^B=\frac{(1-\theta)\dfrac{L^B}{L^D}-\alpha\theta s_Y^B\dfrac{w^D}{w^B}}{(1-\theta)\dfrac{w^D}{w^B}+(1-\theta)\dfrac{L^B}{L^D}} \tag{4-19}$$

还可以得出 A 国工业品生产所占的世界市场份额：

$$s_Y^A=\frac{(1-\theta+\theta\alpha)\dfrac{L^A+\rho}{L^D}-\theta(1-\alpha)\varphi_x^{(1-\alpha)/\alpha}\left(\dfrac{k^{A,D}}{k^{A,B}}+f\right)}{\theta\alpha\dfrac{L^A+\rho}{L^D}+\theta\alpha\varphi_x^{(1-\alpha)/\alpha}\left(\dfrac{k^{A,D}}{k^{A,B}}+f\right)} \tag{4-20}$$

此外，$G_x^A=\dfrac{(1-\gamma)\theta(1-\alpha)}{n}$，因此式（4-11）可以改写为

---

① $p_\zeta^{i,j}$ 表示 i 国消费的进口自 j 国生产的 ζ 产品的价格。
② 还会得到 $\dfrac{G_x}{c_n^A}>\dfrac{G_x}{c_n^B}$，即在 A 国进行研发新的中间产品每单位投入成本的收益更大。

$$g=\frac{(1-\gamma)\theta(1-\alpha)}{w^A}-\rho \qquad (4-21)$$

ρ指时间偏好率。整体创新率 g 是与经济增长率成正向比例变动的，即认为研发创新是经济增长的主要源泉。因此，通过观察自贸区对 g 的变动影响就可以判断其对经济增长率的变动影响。

（六）A 国和 B 国建立自贸区 ABFTA 的经济增长效应

ABFTA 建立后，首先观察最终产品贸易壁垒削减或取消的经济增长效应。A、B 两国的贸易自由化和便利化水平提高，$k^{A,B}$ 和 $k^{B,A}$ 提高，根据式（4-20），$k^{A,B}$ 的增大将带来 $\frac{k^{A,D}}{k^{A,B}}$ 的减小，s_Y^A 变大。根据式（4-15），在 L^A 和 ρ 不变的情况下，s_Y^A 变大将带来 w^A 的提高。根据式（4-18），在中间产品的贸易壁垒 φ_x 不变的情况下，w^A 的提高将带来 w^B 的提高。再根据式（4-21），在时间偏好率 ρ 不变的情况下，w^A 的提高带来的是整体创新率 g 的下降，g 的下降给经济增长带来消极影响。

简言之，ABFTA 建成后，最终产品的贸易壁垒削减带来的自由化并不利于 A 国和 B 国的经济增长。这一结论也可以从贸易转移的角度分析获得。在 ABFTA 内取消最终产品贸易壁垒后，A 国对传统制成品的进口需求将从 D 国转向自贸区伙伴 B 国，产生贸易转移效应。B 国传统制成品部门生产扩张，B 国的传统制成品世界市场份额提高，在 B 国劳动力数量一定的情况下，不得不提高工资率，同时 B 国生产资源也从工业制成品部门转移到传统制成品部门。B 国工业制成品部门萎缩，就会提高 A 国工业制成品生产并提高 A 国工业制成品在世界范围内所占的份额（注意 D 国不生产工业制成品），同样在 A 国劳动力数量一定的情况下，这就会造成 A 国工资率的上涨，增加了创新研发投资成本，中间产品部门减少用工量，创新研发部门的创新动力降低，新的中间产品创新生产活动减少,而根据式(4-2),中间产品是工业品生产的主要投入要素之一,因此中间产品创新生产活动减少最终将会使 A、B 两国的工业品生产减少,造成两国经济增长率下降。

再来分析 ABFTA 达成后,在最终产品的贸易壁垒被削减的基础上,贸易自由化程度进一步加深,即中间产品的贸易壁垒也得到削减或消除后带来的中间产品贸易自由化和便利化水平提高的经济增长效应。

中间产品贸易自由化和便利化水平提高,意味着 φ_x 提高,① φ_x 提高将带来 $\varphi_x^{(1-\alpha)/\alpha}$ ②的提高,根据式(4-20),s_Y^A 将变小。根据式(4-15),在 L^A 和 ρ 不变的情况下,s_Y^A 变小将带来 w^A 的降低。根据式(4-18),有 $\frac{w^A}{w^B}=\varphi_x^{(\alpha-1)/\alpha}$,由于 φ_x 提高,$\varphi_x^{(\alpha-1)/\alpha}$③必然下降,又因为 w^A 降低,因此 w^B 的变动情况不确定。再根据式(4-21),在时间偏好率 ρ 不变的情况下,w^A 的降低带来的是 g^B 的提高。

ABFTA 内的中间产品贸易自由化之后,还可以从贸易创造的角度进行经济增长效应的分析。B 国从 A 国进口中间产品价格降低,会使 B 国工业制成品生产成本降低,提高了 B 国工业制成品的竞争力,由于工业品只由 A、B 两国生产,因此,s_Y^B 变大意味着 A 国工业制成品的世界份额降低,即 s_Y^A 变小。s_Y^B 变大促使 B 国从 A 国进口更多的中间产品,带来的是贸易创造效应,驱动经济增长。由于 D 国不生产中间产品,因此 ABFTA 的建立不会产生贸易转移效应。

---

① 已知中间产品部门的总贸易成本为 $\varphi_x=\varphi_x^1\varphi_x^2$ ($0<\varphi_x^2<1$),在建立自由贸易区的情况下,$\varphi_x^2=1$,φ_x^1 ($0<\varphi_x^1<1$) 不变,因此 φ_x 会增加。

② 注意 $0<\varphi_x<1$,$0<\alpha<1$。

③ 注意由于 $0<\varphi_x<1$,$0<\alpha<1$,因此$(\alpha-1)/\alpha<0$、$0<(1-\alpha)/\alpha$,所以 φ_x 的增加将带来 $\varphi_x^{(\alpha-1)/\alpha}$ 的下降、$\varphi_x^{(1-\alpha)/\alpha}$ 的提高。

（七）本章小结及对我国自贸区产品自由化的对照

两国建立自贸区的自由化范围仅限于最终产品贸易时，对自贸区成员的经济增长不利，但当自贸区进一步合作，在中间产品领域也实现贸易自由化和便利化时，对自贸区成员的经济增长有利。[①]

根据上述理论模型，自贸区只有提高包括最终产品和中间产品在内的产品的自由化和便利化水平，才会对经济增长起到驱动作用。根据我国自贸区的谈判和建设情况可知，我国的自贸区建设都涉及最终产品和中间产品（原材料、零部件和附件等）的自由化和便利化问题，这从已经签署协定或即将签署协定的相关文件中很容易获知。因此，根据数理模型的推导结论，我国的自贸区发展会驱动我国经济增长。

二、作用机制分析

要了解自贸区的经济增长效应，必须明确自贸区驱动经济增长的作用机制。自贸区之所以能够驱动经济增长，是因为存在一系列的作用机制，这些作用机制根据自贸区产生的静态经济效应和动态经济效应也可以划分为静态作用机制和动态作用机制，所有这些作用机制最终都落脚于影响经济增长的诸多因素之上。经济增长的影响因素有很多，如劳动力、资本、技术、企业家才能、信息、制度、改革和创新等都是影响经济增长的重要因素，而且按照西方经济学理论，经济增长的计算方法可分为支出法和收入法两种。按照支出法，经济总量＝消费＋投资＋政府购买＋净出口；按照收入法，经济总量＝工资＋利息＋税前利

[①] 当然，建立自贸区是否一定会促进成员经济增长由取消最终产品关税壁垒的消极影响和取消中间产品关税壁垒的积极影响的抵消对比结果决定。

第四章 自贸区驱动经济增长的数理模型及作用机制探究

润＋租金＋间接税＋企业转移支付＋折旧,[①] 两种计算方法中涉及的变量都会影响经济增长。自贸区正是通过一系列作用机制影响经济增长的因素,进而驱动经济增长。下面进行具体分析。

(一) 自贸区贸易红利驱动经济增长

自贸区会通过自贸区达成后产生的一系列贸易红利来驱动经济增长。这些贸易红利主要包括贸易效应(贸易创造效应和贸易转移效应)、消除贸易障碍(取消关税和降低非关税壁垒,提高贸易自由化和贸易便利化水平)等方面(见图4-1)。

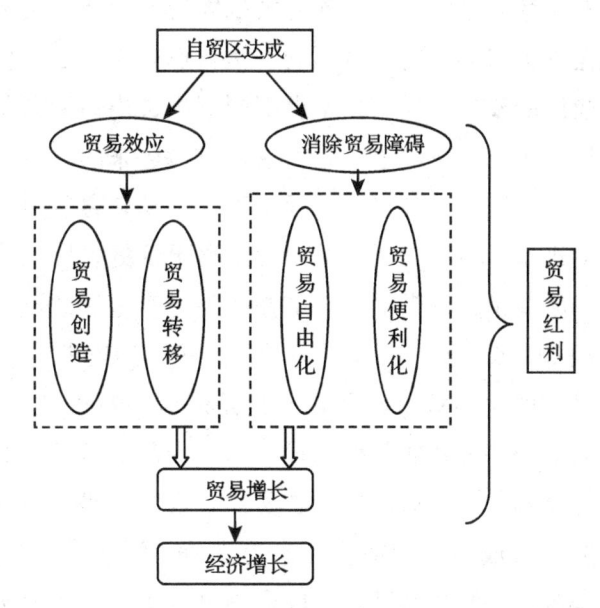

图4-1 自贸区贸易红利驱动经济增长的作用机制

自贸区会通过扩大自贸区各成员的贸易总量来促进成员经济增长。扩大贸易总量的途径有贸易创造和贸易转移。首先分析贸易创造效应,其中包括供给的贸易创造和消费的贸易创造两方

[①] 高鸿业. 西方经济学(宏观部分) [M]. 三版. 北京:中国人民大学出版社, 2004.

面。成员国可以减少本国生产效率低下、价格更高的商品的生产，转而向自贸区内生产效率高的自贸区伙伴成员进口此种商品来满足消费，同样，自贸区伙伴也会从本国进口生产效率更高的其他某种商品来满足其自身的消费需求，这符合 Smith 的绝对优势学说。这样自贸区成员都获得了更大的消费市场，扩大了供给出口，同时各自贸区成员的消费者也获得了价格更低的商品，刺激了消费欲望。因此在自贸区内的各成员都优化了资源配置，提高了资源的利用率，从而创造出更多的经济财富。

再分析贸易转移效应。传统的关税同盟理论认为贸易转移效应会对同盟内进口成员的经济福利有消极影响，但是贸易转移对于扩大同盟内的整体贸易交往，提高同盟内进出口贸易总额有积极意义，这对于以关税同盟理论为基础发展起来的自贸区理论同样适用。在自贸区内，各自贸区成员通过贸易转移效应，减少从非成员国的进口，转而向减免关税后价格更低的自贸区伙伴进口同类商品，因此扩大了自贸区内的整体贸易流量和总额，能够刺激彼此的经济增长，达到"肥水不流外人田"的效果。

从贸易自由化和贸易便利化的视角来看，通过自贸区建设，可以削减或消除关税和非关税壁垒，从而提高自贸区内的贸易自由化和贸易便利化，降低区内货物贸易、投资贸易及服务贸易等诸多方面的交易成本，增加企业经营利润，从而有利于经济增长。具体来讲，自贸区通过减免或取消关税提高了区内贸易的自由化程度，会降低从自贸区伙伴进口原材料等中间产品的价格，这既会扩大自贸区成员之间的贸易量，又会带来生产成本的降低，从而最终提高自贸区出口成员商品的价格竞争力，有助于扩大自贸区成员的出口市场份额，对企业生产有利，并最终会对经济增长有利。同时，自贸区内贸易的自由化也会降低从自贸区伙伴进口最终产品的价格，这会增加自贸区进口成员的消费者剩余，也就是购买相同数量的商品，消费者可以支付更少的消费金额，从收入法计算 GDP 的角度来看，有利于经济增长。自贸区建设也提高了区内贸易的便利化，通过降低非关税壁垒能够简化及协调与自贸区成员伙伴之间的贸易程序，有利于货物、投资等诸多方面的便捷流动，提高交易的顺畅程度，加速各生产要素的跨境流动，降低生产企业的交易时间、费用等一系列成本，也有利于经济增长。

（二）自贸区福利效应驱动经济增长

自贸区达成后，由于关税和非关税壁垒的削减还会表现出从自贸区伙伴国进口的商品价格下降，增加消费者剩余，消费者用相同的支出可以购买更多的商品或者购买相同数量的商品支出更少，这都是在间接增加消费者收入，在其他条件不变的情况下，按照收入法计算 GDP，有利于经济增长。

在经济学理论中，可以用消费者和生产者剩余增加、贸易商品的品种增多、无差异曲线外移，以及帕累托改进等来表示社会福利水平的提高。本部分主要采用前两种衡量方法进行分析。

先分析自贸区通过消费者剩余和生产者剩余的变动进而影响经济增长的情况。在局部均衡分析中，运用需求和供给曲线（见图 4-2），通过消费者剩余和生产者剩余的变化来考察自贸区建立后福利的变动，以及由此引起的经济增长变动。假设没有运输成本，P_1 表示经济体 A 内 r 产品的价格，另一经济体 B 内 r 产品的价格为 P_2，P_W 表示 r 产品的世界价格，而且 $P_1 > P_W > P_2$。在 P_1 价格下经济体 A 内 r 产品供小于求，供需缺口为 Q_1Q_2，需要从国外市场进口满足需求，对于进口的每单位 r 产品，经济体 A 征收 P_1P_2 大小的关税，由于存在 $P_W > P_2$，则征税后仍会有 $P_W + P_1P_2 > P_2 + P_1P_2$，因此，A 会从 B 进口 r 产品。由于在经济体 A 和 B 达成自贸区之前，经济体 B 向 A 出口 r 产品需要交税，此时 A 会取得关税收入，收入大小用四边形 ednm 的面积表示。

当经济体 A 和 B 建立自贸区后，自贸区成员 A 将免除自贸区

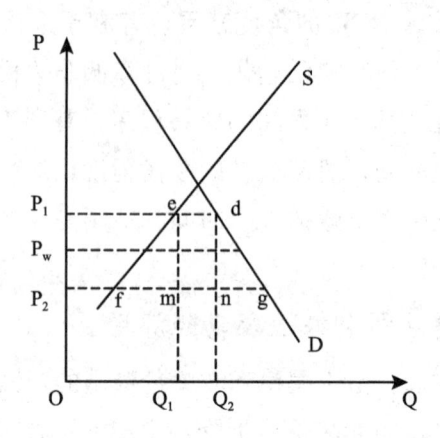

图 4-2　经济体 A 内 r 产品的市场供需情况

伙伴 B 的进口关税，B 将以 P_2 的价格向 A 出口 r 产品，由于 $P_2 < P_1$，受到低价的冲击，A 内 r 产品的价格会降到 P_2。此时经济体 A 的福利变动情况是获得消费者剩余 $P_1 dg P_2$ 和损失生产者剩余 $P_1 ef P_2$，以及损失了关税 ednm，但通过计算 $P_1 dg P_2 - P_1 ef P_2 -$ ednm = efm + dng，可知最终 A 获得正向的福利增加，其中三角形 efm 表示生产利得，三角形 dng 表示消费利得，福利水平的提高用这两个三角形的面积表示，福利效应增加正如前面所述，按照 GDP 收入法计算公式，就能够表示可以促进经济增长。

此外，在图 4-2 中，应注意的是，由于 $P_W > P_2$，因此从长期来看，P_2 将等于 P_W（除非世界其他地区向经济体 B 征收不低于 $P_W P_2$ 水平的关税），此时自贸区伙伴 A 仍将获得三角形 efm 和三角形 dng 面积之和表示的福利增加（见图 4-3），也会有利于 A 的经济增长。

再来分析自贸区通过增加贸易商品的品种从而提高福利水平并最终促进经济增长的机制。

运用 Krugman（1979）的新贸易理论来具体说明。根据 Krugman 的新贸易理论的原理，随着自贸区的建立，自贸区伙伴之间会相互开放市场，由此自贸区内的每一种商品都面临着更多

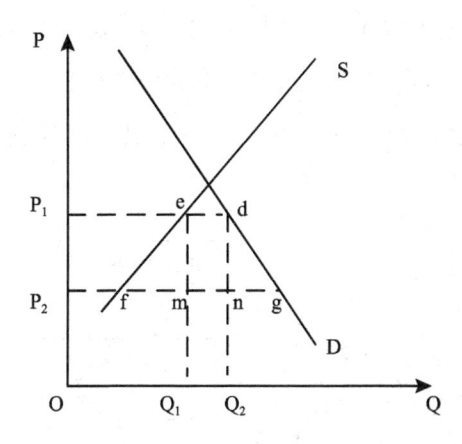

第四章 自贸区驱动经济增长的数理模型及作用机制探究

图 4-3 经济体 A 内 r 产品的市场供需情况

的消费者（由 L 增加到 L＋L*），自由贸易将造成 PP-ZZ 模型中 ZZ 曲线左移，使得单个消费者对任一商品的消费量下降（由 c 缩减为 c－c*），在长期均衡状态下，将带来产品种类的增多（由 n 自增加到 n*）。用式（4-22）和式（4-23）表示商品种类的变化：

$$n = \frac{1}{\frac{\alpha}{L} + \beta c} \tag{4-22}$$

$$n^* = \frac{1}{\frac{\alpha}{L+L^*} + \beta(c-c^*)} \tag{4-23}$$

由式（4-22）和式（4-23）可知 n*＞n，表明建立自贸区后，区内自由贸易产品和消费的多样性刺激消费者的消费欲望（符合萨伊理论的"供给创造需求"论断），从而增加消费支出，提高消费者自身的福利。按照经济增长的"三驾马车"理论和计算 GDP 的支出法，消费是经济增长的三大或四大要素之一，消费增长必将提高经济增长（在其他条件一定的前提下）。

（三）自贸区投资效应驱动经济增长

根据 Kindleberger（1966）提出的投资创造和投资转移理论，自贸区运行后会带来投资效应，主要体现在投资创造和投资转移两方面（见图 4-4）。

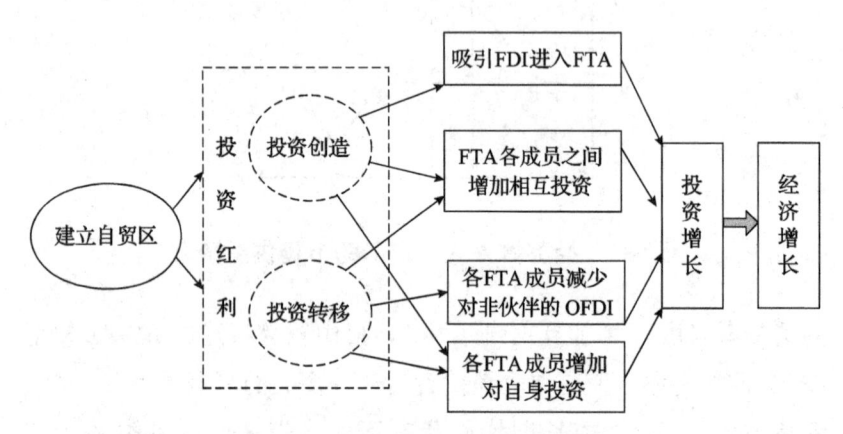

图 4-4 自贸区投资效应驱动经济增长的作用机制

自贸区的投资创造体现在提高非自贸区成员对自贸区各成员增加外商直接投资的热情。这一方面是由于自贸区内贸易自由化和便利化水平提高、投资运营成本降低、盈利能力提高和开放领域扩大的吸引，对外来资金产生一定的"虹吸效应"；另一方面，外商投资更想通过采取在自贸区内直接投资来进行生产，以规避贸易壁垒和歧视、原产地规则和贸易转移效应，因而会增加对自贸区各成员的直接投资。投资创造效应还体现在由于自贸区各成员投资开放领域的扩大，不仅对外商直接投资等国际"热钱"有"虹吸"作用，对自贸区各成员增加本国投资或相互增加投资进入自贸区内高收益行业也会有吸引作用。以上投资创造会对自贸区成员的经济增长有直接的推动作用。

自贸区运行后还会带来投资转移效应，表现在自贸区内各成员的对外直接投资方向会发生变化。首先会将原本投资于自贸区区域外的资金回笼投放于自贸区内更具盈利性的行业，减少对非成员的对外直接投资。此外，也会激发自贸区成员增加对自身国内的投资（例如我国的"一带一路"建设）和对伙伴国的投资，带来投资转移效应。投资转移也会直接驱动各成员经济的增长。

（四）自贸区规模效应驱动经济增长

毫无疑问，自贸区建设对任意一个自贸区成员来讲都可以将国内市场延伸至国内外的自贸区大市场。各自贸区成员打破相互之间的关税和非关税壁垒，各成员的厂商相互之间的进出口贸易往来，从以前的各个经济体内的小市场转变为贸易自由化和便利化都得到提高的联合大市场，不再局限于单一经济体的个别市场。自贸区提供了更为广阔的市场平台，比如销售市场、资源市场和人口市场，拓展了经济增长的多维市场空间，并使市场规模扩大。市场规模的扩大意味着对于任意一个自贸区成员来讲，原本属于不同经济体的某一个行业的诸多厂商至少在经济层面上就如同已经在同一个经济体区域内，同一行业的企业数目（从任意一个成员角度来看）会增多、产业规模会扩大，这时就产生了外部规模经济。

下面利用局部均衡（一般均衡）的分析方法，分析自贸区带来的由于行业规模扩大而产生外部规模经济，进而驱动经济增长的情况（见图4-5）。

假设经济体 A 生产产品 m，在与其他经济体建立自贸区之前，A 内 m 产品的市场价格为 P_1，需求量为 Q_1，面对的需求和供给曲线分别为 D_1、S_1。在 A 与其他经济体达成自贸区后，贸易开放带来销售市场规模的扩大，需求曲线从 D_1 右移到 D_2，同时生产市场规模也会扩大，供给曲线从 S_1 右移到 S_2，供给增加表示生产 m 的企业数量增加，由此会带来外部规模经济。外部规模经济降低了企业生产成本，产品价格也随之下降（从 P_1 下降到 P_2）。从消费者角度来讲，产品价格下降会增加消费者剩余，按照收入法计算经济总量，就会带来经济增长。此外，行业规模扩大带来的外部规模经济降低了企业生产成本，但若维持产品销售价格 P_1 不变，供需达到均衡，此时供给曲线从 S_1 右移到 S_3，需求曲线依然从 D_1 右移到 D_2，消费者剩余没有变化，但是需求从 Q_1 扩大到 Q_3，企业利润增加，利润的增加来源于价格不变但生产成本下降，以及销售量提高两方面，按照收入法计算 GDP，企业利润增加会带来经济增长。

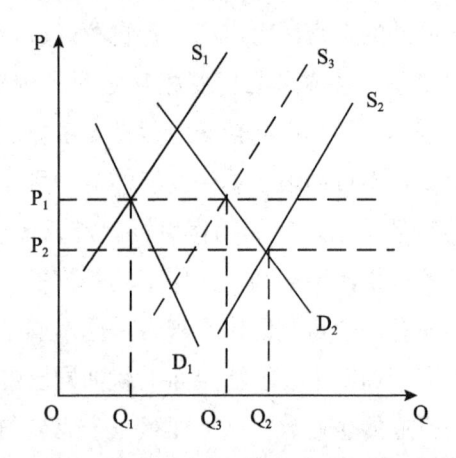

图 4-5　自贸区带来外部规模经济进而驱动经济增长

资料来源：海闻，P. 林德特，王新奎. 国际贸易 [M]. 上海：格致出版社和上海人民出版社，2003.

应该强调的是，自贸区能够带来外部规模经济，但并非产生的都是高效的外部规模经济，通常只有在满足共建自贸区各伙伴经济体之间经济互补性较高、产业结构差异性大的条件时才更易产生。经济互补性低、产业结构单一的经济体之间建立自贸区，要想形成高效的外部规模经济，自贸区伙伴经济体之间必须依靠"看得见的手"来发挥作用，即需要自贸区各成员的政府部门之间和相关企业之间进行协议谈判，以主观形成外部规模经济。这需要参考小岛清（1987）的协议性国际分工理论。

根据小岛清的协议性国际分工理论，区域经济一体化发生

第四章 自贸区驱动经济增长的数理模型及作用机制探究

后,伙伴国之间进行协议性分工,①相互让出按照协议自己不进行生产的那部分商品市场,即使不满足传统贸易理论所阐述的比较优势,也同样可以实现外部规模经济,进而降低企业的生产成本,带来经济增长(见图4-6)。

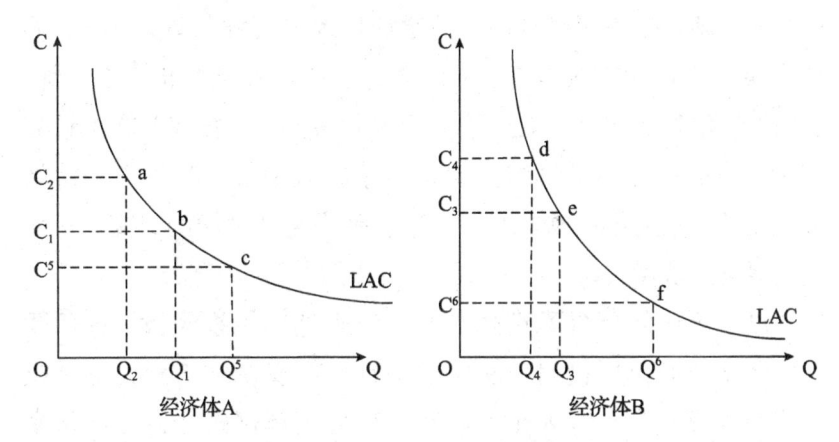

图 4-6 协议分工下的自贸区外部规模经济驱动经济增长

资料来源:小岛清.对外贸易论[M].周宝廉,译.天津:南开大学出版社,1987.

假设经济体 A 和经济体 B 都生产 H、K 两种商品,同时两国的 H、K 商品在 A 或 B 国内都面临一条相同的长期平均成本曲线 LAC。两个经济体达成自贸区之前,在 A 经济体 H 商品的生产成本为 C_1,产量为 Q_1,K 商品的生产成本为 C_2,产量为 Q_2;B 经济体 H 商品的生产成本为 C_4,产量为 Q_4,K 商品的生产成本为 C_3,产量为 Q_3。按照小岛清的协议性国际分工理论,A、B 建立自贸区以后,假设 H 商品都由 A 生产,K 商品都由 B 生产,那么在 A 内 H 商品的生产规模将由 Q_1 增加为 Q^5($Q^5 = Q_1 +$

---

① 根据小岛清(1987)的分析,经济一体化伙伴国之间要想实现协议性分工,需要满足以下条件:各伙伴国的要素禀赋、经济发展水平类似,对象商品在各个伙伴国都有能力生产;对象商品要较易实现规模经济生产;各伙伴国按照协议生产某一商品与按照协议生产其他商品所获收益大致相等。

Q_4），H 商品生产规模的扩大（外部规模经济）将引致成本降低为 C^5；B 内的 K 商品生产规模将由 Q_3 增加为 Q^6（$Q^6 = Q_2 + Q_3$），K 商品生产规模的扩大（外部规模经济）将引致生产成本下降为 C^6。A 内 H 商品生产成本的下降，将直接带来 H 商品价格的下降，带来消费者剩余的增加，减少消费者购买支出；同样 B 内 K 商品生产成本的下降也会直接带来 K 商品价格的下降，也增加了消费者剩余，减少了消费者购买支出。按照收入法计算 GDP，消费者购买支出减少就相当于收入增加，有利于经济增长。此外，企业生产成本的下降还会带来生产利润的提高，进而也会促进经济增长。

  以上所述仅介绍了建立自贸区带来外部规模经济，进而驱动经济增长的作用机制。规模经济有外部规模经济和内部规模经济两种形式，自贸区亦可以通过产生内部规模经济，即带来企业自身生产规模的扩大，进而驱动经济增长。下面从内部规模经济的角度进行研究。前面已经提到自贸区建立会带来外部规模经济，外部规模经济会降低企业产品生产成本，增加企业利润，因此企业有动力扩大规模，追求更高的利润，这有利于产生内部规模经济。此外，由于自贸区消除或削减关税及非关税壁垒，进口产品价格下降，刺激需求量的提高，假设供给不变或者供给的扩大小于需求的扩大，那么企业也有可能扩大自身规模满足市场需求，这也会产生内部规模经济。内部规模经济会降低单位产品的固定生产成本，使得企业相同的投入可以获得更多的产出或相同的产出投入更少，从而能够增加企业税前利润。由于税前利润是按照收入法计算 GDP 的重要经济要素之一，因此有利于经济增长。

  总之，通过外部规模经济和内部规模经济，自贸区能够通过间接增加消费者收入、提高企业税前利润等经济要素，进而驱动经济增长。

（五）自贸区企业竞争驱动经济增长

自贸区通过促进企业竞争来驱动成员经济增长的一般逻辑应为：自贸区达成运行→本国国内市场开放→削减关税和非关税壁垒带来贸易自由化和便利化水平提高→引起贸易和投资等诸多方面增长→国内企业面临自贸区伙伴企业的竞争→外部竞争压力带来"鲶鱼效应"→增强国内整个行业的竞争力和市场活力→"优胜劣汰"的市场规律倒逼国内企业采取提高国内生产效率、产品质量、技术水平和售后服务等一系列提高竞争力的措施→企业自身竞争力提高→对自贸区区域内外市场的出口扩大→驱动经济增长。

此外，根据国际上关于区域经济一体化竞争效应的研究可以得出：自贸区通过提高企业竞争力，进而驱动经济增长。"大市场理论"是阐述竞争效应的代表性理论，该理论由 Scitovsky（1958）首先提出，Deniau（1960）做了重要补充。

Scitovsky 和 Deniau 的"大市场理论"主要针对的是共同市场，分析的是区域经济一体化的竞争效应。在区域经济一体化的自由化水平分类上，共同市场比自贸区高两个等级，但同样也对自贸区的竞争效应有一定解释作用和启示。

"大市场理论"认为共同市场将加剧企业竞争，企业会扩大自身规模从而获得内部规模经济。结合新贸易理论，Krugman 认为不完全竞争下产生的规模经济有助于降低企业生产成本，获得收益，在其他条件一定的情况下，企业利润增加将促进经济体的经济增长。

自贸区的经济一体化程度虽然没有共同市场高，没有实行统一的关税，也没有实现各种经济要素在内部的自由流动。但是自贸区贸易自由化和便利化的提高同样会产生一定程度的规模经济，也会加剧自身企业之间及自身企业与自贸区伙伴国企业之间的竞争，带来技术的进步和生产效率的提高，而技术和生产率是影响经济增长的重要经济要素,因此能够促进经济增长,且提高经济增长的质量。此外,自贸区内部竞争加剧可以倒逼企业技术进步和生产效率提高,这也可以扩大自贸区内的生产总量,使区内生产可能性曲线向外扩张,带来经济增长。

(六) 自贸区技术进步驱动经济增长

科技进步是经济增长的源泉之一。自贸区达成后会提高贸易自由化和便利化水平,经济的开放度和合作程度将不断得到提高,进而有利于加速技术在整个自贸区内部的传播和扩散。

自贸区建立后,内部各经济体对自身技术水平的提高途径主要有两个。首先,贸易障碍减小,贸易自由化和便利化水平提高,有利于自贸区伙伴国的生产技术水平高、劳动生产率高的企业进入本国市场,投资设厂,带来技术的外溢效应。其次,面对自贸区伙伴的竞争,本国企业也会加大投资,采取各种措施提高自己的技术水平,以提升自身的能力。而且本国企业也可以通过引进、模仿、吸收和发展自贸区其他伙伴成员的先进生产技术,从而提高本国生产技术,进而有利于驱动经济增长。

技术水平的提高会促进本国经济增长。下面以中性技术进步[①]为例,说明自贸区达成后带来技术进步,进而推动经济增长的情况(见图4-7)。

当相同程度的技术进步在劳动密集型的部门W和资本密集型的部门S同时发生时,生产的可能性曲线PPC_1向外等比例移至PPC_2,社会无差异曲线由CIC_1外移到CIC_2,此时该经济体达到了更高的经济福利水平,提高了该经济体的整体经济水平。在投

---

① 根据John Hicks对技术进步的分类,技术进步可分为中性技术进步、劳动节约型(或资本使用型)技术进步和资本节约型(或劳动使用型)技术进步三类。中性技术进步是指资本和劳动同时增加但两者比率保持不变的情况下(生产中不会出现劳动与资本之间的相互替代),由于技术的进步,同样多的资本和劳动投入会有更多产出,同样在产出不变的情况下,会有更少的劳动和资本投入。

入相同的劳动和资本的情况下,由于技术水平的提高促进了W商品生产效率和S商品生产效率的提高,使得该经济体能够在更大的生产可能性曲线上获得更多的商品W和S产出组合,从而促进了经济增长。

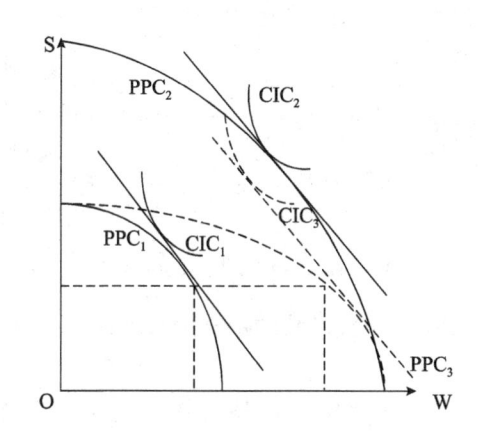

图 4-7 自贸区产生技术进步驱动经济增长

资料来源:朱彤,万志宏,于晓燕. 国际经济学 [M]. 武汉:武汉大学出版社,2010.

当只在一个部门(比如劳动密集型的W)发生技术进步,而另一个部门(比如资本密集型的部门S)无技术变化时,生产的可能性曲线 PPC_1 将向外移至 PPC_3,社会无差异曲线由 CIC_1 外移到 CIC_3。此时该经济体达到了更高的经济福利水平,在资本投入一定(部门S产出不变)的情况下,得到了更多的商品W产出,获得了经济增长。同理可以验证,当资本密集型的S部门发生技术进步,而劳动密集型的W部门没有技术变动时,仍可以使该经济体达到更高的经济福利水平,该经济体的整体经济水平得到提高。

由此可见,建立自贸区将有利于自贸区内的技术进步,而技术进步是经济增长的重要生产要素之一,能够显著驱动经济增长。

（七）本节小结

自贸区驱动经济增长的作用机制可以用图 4-8 来说明。

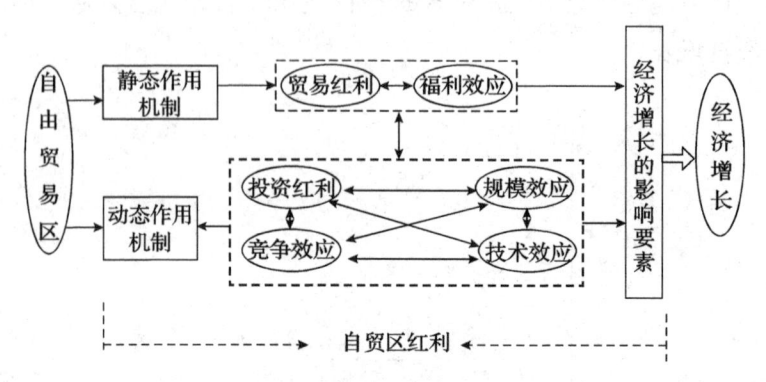

图 4-8　自贸区驱动经济增长的作用机制

由图 4-8 可知，自贸区通过静态作用机制和动态作用机制驱动经济增长。静态作用机制是指自贸区通过贸易红利和福利效应驱动贸易增长和福利提高，进而促进净出口、消费者间接收入等增加，因此会最终驱动经济增长；动态作用机制是指自贸区通过投资红利、竞争效应、规模效应和技术效应，影响投资增长、企业竞争、市场规模及技术扩散，进而提高外商直接投资、企业利润、消费者间接收入、企业投资、技术水平和净出口等促进经济增长的因素，因此也会最终驱动经济增长。此外，静态作用机制和动态作用机制中的各个效应之间是相互联系的，并非孤立存在。因此，对经济增长的驱动也不仅是单个效应的作用。比如贸易红利和福利效应都涉及福利的变动，进而驱动经济增长；规模效应和竞争效应都涉及企业利润变动等，进而驱动经济增长。静态和动态两大机制中的各个效应之间也存在联系，比如贸易红利和竞争效应都涉及企业竞争力的提高，企业为进一步提高自身竞争力会有动力加快技术进步（又涉及技术效应），这最终都会驱动经济增长。

总之，自贸区建设会产生一系列的自贸区红利，通过自贸区红利优化资源配置，可影响经济增长的诸多因素，进而驱动经济增长。

三、本章小结

首先，通过数理模型的构建及推导，得出了当自贸区同时提高最终产品和中间产品贸易自由化和便利化水平时，会驱动经济增长的结论。而我国的自贸区建设不仅涉及取消最终产品的贸易壁垒和非贸易壁垒，取消中间产品的贸易壁垒同样是自贸区建设的重要内容，而且还正在成为越来越重要的内容，因此自贸区建设将有利于我国经济增长。其次，自贸区通过各种静态作用机制和动态作用机制驱动经济增长，每一种作用机制都可以通过影响经济增长的影响因素，进而驱动经济增长，但实践中这些作用机制往往不是单独发生作用的，它们相互影响并形成合力驱动经济增长。

本章研究得出了自贸区驱动经济增长的数理基础，并厘清了其作用机制，为后面的实证研究奠定了机理根基。

第五章　我国自贸区发展及其与经济增长的关系分析

一、引言

受历史因素、政治因素、社会意识形态和国际环境等多方面因素的影响,我国对区域经济一体化的认识和了解长时间滞后于全球区域经济一体化的发展潮流。我国区域经济一体化之路起步于 21 世纪初期,而在此之前全球区域经济一体化发展已经经历了三次大的发展浪潮。正因为如此,我国的自贸区发展表现出了具有自身特色的发展历程和发展现状,还表现出了一些独特的发展特征。

自 2002 年首个自贸区启动谈判以来,我国的自贸区发展步伐不断加快,自贸区谈判数量逐年增多,合作水平和质量不断提高,涉及范围和领域也越来越广。我国自贸区在不断的谈判摸索中,积累了一定的经验并且形成了自己的一些发展特征,同时我国经济的持续、稳定和快速增长也为我国参与自贸区谈判创造了更好的经济条件,增强了其他经济体与我国进行自贸区谈判的兴趣。在自贸区发展中积累的经验为今后与其他经济体建设自贸区起到了良好的借鉴作用。在目前国内外经济发展整体低迷的大背景下,我国自贸区正迎来极好的历史发展机遇,其发展越来越受到国家重视,自贸区已成为我国继续扩大开放,加强与国际社会交流的重要举措和平台,逐渐在经济增长中占据一席之地,扮演着越来越重要的角色。

本章将对我国自贸区整体发展情况、自贸区与经济增长的互动关系，以及自贸区在我国经济发展中的关键地位进行阐述。

二、我国自贸区整体发展情况

对我国自贸区整体发展情况的分析从发展历程、发展现状和主要发展特征三方面展开。

（一）发展历程

我国自贸区的发展受国际和国内政治、经济等大环境的影响。从国际上看，自1949年中华人民共和国成立以来，受当时全世界政治环境，尤其是当时国际反华势力的政治孤立、经济封锁、军事恐吓，以及朝鲜战争爆发的影响，我国与以美国为首的西方世界对立严重。美国领导的西方阵营断绝了与我国的经济贸易交往活动，对我国执行了长期的经济贸易封锁、"惩罚"和管制，我国对西方世界交流的"窗口"被迫关闭。在此背景下，我国立足自身国情，采取"一边倒"的外交策略，主要同以苏联为首的社会主义阵营和部分亚非拉经济体建立了以"互通有无、调节余缺"为目的的小规模贸易往来。在交往原则上，秉持不结盟政策，强调独立自主，在对外经济交流方面主要同以苏联为首的社会主义阵营大集体进行经济合作，但这些经济合作并不属于区域经济一体化的范畴，更不属于自贸区合作的范畴。尽管在20世纪40年代末，苏联等六国成立了区域经济一体化组织——经济互助委员会（Council for Mutual Economic Assistance，简称经互会），但我国并未加入。后来中国与苏联政治关系恶化，我国的对外经济贸易交往更加孤立和封闭，近乎达到了与世隔绝的状态，因此与其他经济体建设自贸区更是无从谈起了。

当然，当时我国的封闭状态也受自身政策因素的影响。从国内来看，高度集中的计划经济、强调自力更生的传统意识形态影响等都束缚了我国对外经济贸易活动的发展。对内实行高度集中的计划经济，对外积极响应和长期坚持"不结盟"政治原则，都直接造成国内在很长时间内都忽视区域经济一体化的合作。

以邓小平为核心的党中央领导集体，重视开放对经济增长的重要影响，开始对全球性的经济合作表现出积极的态度，同时与西方世界主要经济体的关系也有了很大的改善。为了提高自己在全球的经济地位，加快经济体制改革，努力将本国市场经济融入全球经济当中，我国对全球性的经济合作逐渐关注和采取实际行动，于是开始集中精力争取复"关"入"世"，并于1986年正式提出了要求恢复我国在关税及贸易总协定中的缔约方地位的诉求。1995年，关税及贸易总协定改称为世界贸易组织（WTO），复"关"诉求变为入"世"谈判，并最终于2001年正式加入WTO。但在此期间，我国对参与区域性的经济一体化组织仍无暇顾及或者未表现出足够的兴趣。

我国在1991年首个加入的APEC区域经济合作组织，其属于论坛性质且非约束性的经济合作组织。此后我国开始关注并逐渐加入一些非约束性的合作论坛和次区域经济合作组织，比如各类经济贸易合作论坛有上海合作组织、中国—太平洋岛国经济发展合作论坛、中国—加勒比经贸合作论坛、中国—阿拉伯国家合作论坛、中国—葡萄牙语国家经贸合作论坛、中非合作论坛、博鳌亚洲论坛和金砖国家峰会等；次区域经济合作组织有大湄公河次区域经济合作和大图们江国际区域合作等。尽管这些经济合作都属于区域经济合作的范畴，还不是区域经济一体化类型，更不是自贸区，但它们为以后我国自贸区的建设和发展积累了国际合作经验，奠定了自贸区合作的一些基础。

在我国加入WTO以后，WTO主导的全球多边贸易体制受制于太多的争议和纠纷，例如乌拉圭回合谈判举步维艰、多哈回合谈判已经中止，无法继续推进，这对于原本想通过多边贸易体制来融入全球经济、参与国际竞争与合作的我国来说是一条看不到光明的"死胡同"。与此同时，全球的自贸区建设又掀起第四轮浪潮，我国开始关注区域经济一体化谈判，并于2001年和2002年开始了区域经济一体化和自贸区谈判的进程。我国区域经济一体化之路起步于2001年加入的《曼谷协定》，① 但我国的自贸区建设进程起步于2002年开始谈判的中国—东盟自贸区。

现如今，我国自贸区发展有了长足的进步，并且发展潜力越来越大，在国内的经济和战略地位也日益上升。我国参与自贸区的积极性和主动性不断提高，"一带一路"、FTAAP、RCEP和中国—东盟升级版等一大批由我国引领、倡导、力推和参与的自贸区谈判就是例证。我国的自贸区布局和发展重点也在从周边区域的自贸区谈判逐步推向全球，自贸区发展已经驶入"快车道"。

（二）发展现状

根据中国自由贸易区服务网公布的资料，截至2017年11月，我国在建自贸区21个，涉及32个国家和地区。其中，已签署自贸协定14个（见表5-1），涉及22个国家和地区，分别是中国与东盟、新加坡、巴基斯坦、新西兰、智利、秘鲁、哥斯达黎加、冰岛、瑞士、韩国和澳大利亚的自贸协定，以及中国内地与中国香港、澳门的更紧密经贸关系安排（Closer Economic Partnership Arrangement，CEPA）、中国大陆与中国台湾的海峡两岸经济合作框架协议（Economic Cooperation Framework Agreement，ECFA）；正在谈判的自贸协定7个（见表5-2），涉及24个国家，分别是中国与海湾合作委员会、斯里兰卡和挪威的自贸协定，以及中日韩自贸协定、《区域全面经济合作伙伴关系》协定、中国—东盟自贸协定（"10+1"）升级谈判、中国—巴基斯坦自贸

---

① 我国在2001年加入《曼谷协定》（后更名为《亚太贸易协定》），《亚太贸易协定》在区域经济一体化分类中属于优惠性贸易安排，自由化水平和开放程度都低于自由贸易区。

协定第二阶段谈判。在建的 21 个自贸区涉及的 32 国家或地区分别为中国香港、中国澳门、中国台湾、缅甸、柬埔寨、泰国、老挝、越南、马来西亚、印度尼西亚、文莱、菲律宾、新加坡、巴基斯坦、新西兰、智利、秘鲁、哥斯达黎加、冰岛、瑞士、韩国、阿联酋、沙特阿拉伯、科威特、巴林、阿曼、卡塔尔、澳大利亚、斯里兰卡、挪威、日本和印度。

表 5-1　我国已签署协定的自贸区

名称	签署对象	所在地区	是否生效	多（双）边	谈判领域
中国—东盟自贸区	东盟	东亚	生效	双边	货物贸易、服务贸易、投资和经济合作及争端解决机制等
中国—新加坡自贸区	新加坡	东亚	生效	双边	货物贸易、原产地规则、海关程序、贸易救济、技术性贸易壁垒、卫生与植物卫生措施、服务贸易、自然人移动、投资和经济合作等
中国—巴基斯坦自贸区	巴基斯坦	南亚	生效	双边	货物贸易、原产地规则、贸易救济、卫生与植物卫生措施、技术性贸易壁垒、透明度、投资、争端解决和服务贸易等
中国—新西兰自贸区	新西兰	大洋洲	生效	双边	货物贸易、原产地规则及操作程序、海关程序与合作、贸易救济、卫生与植物卫生措施、技术性贸易壁垒、服务贸易、自然人移动、投资和知识产权等
中国—智利自贸区	智利	拉丁美洲	生效	双边	投资、投资者、国家争端解决和例外等

续表

名称	签署对象	所在地区	是否生效	多（双）边	谈判领域
中国—秘鲁自贸区	秘鲁	拉丁美洲	生效	双边	货物的国民待遇和市场准入、原产地规则及与原产地相关的操作程序、海关程序及贸易便利化、贸易救济、卫生与植物卫生措施、技术性贸易壁垒、服务贸易、商务人员临时入境、投资和知识产权等
中国—哥斯达黎加自贸区	哥斯达黎加	拉丁美洲	生效	双边	货物贸易的国民待遇和市场准入、原产地规则及相关操作程序、海关手续、卫生与植物卫生措施、技术性贸易壁垒、贸易救济、投资、服务贸易和商务人员临时入境及知识产权等
中国—冰岛自贸区	冰岛	欧洲	生效	双边	货物贸易、原产地规则、海关手续与贸易便利化、竞争、知识产权、服务贸易和投资等
中国—瑞士自贸区	瑞士	欧洲	生效	双边	货物贸易、原产地规则与操作程序、海关程序与贸易便利化、贸易救济、技术性贸易壁垒、卫生与植物卫生措施、服务贸易、投资促进、竞争政策、知识产权保护、环境问题、经济技术合作、机制条款和争端解决等

续表

名称	签署对象	所在地区	是否生效	多（双）边	谈判领域
中国内地与香港的CEPA	中国香港	东亚	生效	双边	货物贸易、原产地、服务贸易、贸易投资便利化、金融合作、知识产权保护和专业人员资格的相互承认
中国内地与澳门的CEPA	中国澳门	东亚	生效	双边	货物贸易、服务贸易、贸易投资便利化、知识产权保护、金融合作和专业人员资格的相互承认等
中国大陆与台湾的ECFA	中国台湾	东亚	生效	双边	货物贸易、服务贸易、投资、经济合作、货物贸易早期收获和服务贸易早期收获等
中国—韩国自贸区	韩国	东亚	未生效	双边	货物、服务、投资、原产地规则、海关程序、贸易救济、知识产权、竞争政策、透明度、卫生和植物卫生措施、技术性贸易壁垒、电子商务、环境和经济合作等
中国—澳大利亚自贸区	澳大利亚	大洋洲	未生效	双边	农产品市场准入、原产地规则、服务贸易、投资、货物贸易市场准入、专业服务、金融和教育服务、知识产权、非关税措施、原产地规则、海关程序、检验检疫、知识产权和争端解决等

资料来源：根据我国商务部网站（http://www.mofcom.gov.cn/）和中国自由贸易区服务网（http://fta.mofcom.gov.cn/）提供的资料整理而得。

表 5-2　目前正在谈判中的自贸区

名称	签署对象	所在地区	多（双）边	谈判领域
中国—海湾合作委员会自贸区	海湾合作委员会	西亚	双边	原产地规则、技术性贸易壁垒、卫生和植物卫生措施、经济技术合作、货物贸易和服务贸易等
中国—挪威自贸区	挪威	欧洲	双边	货物贸易、服务贸易、原产地规则、卫生和植物卫生标准/技术贸易壁垒、贸易救济、贸易便利化、服务、投资、原产地规则、SPS/TBT、贸易救济和知识产权等
中日韩自贸区	日本、韩国	东亚	三边	货物贸易、服务贸易和投资等
《区域全面经济合作伙伴关系》协定	东盟、日本、韩国、新西兰、印度、澳大利亚	亚太	多边	货物贸易、服务贸易、投资、经济技术合作、知识产权、竞争政策、法律与机制等
中国—斯里兰卡自贸区	斯里兰卡	南亚	双边	货物贸易、服务贸易、投资、经济技术合作、原产地规则、海关程序和贸易便利化、技术性贸易壁垒和卫生与植物卫生措施、贸易救济、争端解决等
中国—东盟自贸区升级版	东盟	东南亚	双边	重点推进六大领域合作，包括东亚贸易投资便利化、加快东亚互联互通、扩大东亚金融合作、加强东亚减贫合作、推进东亚海上合作与密切东亚人文交流等

续表

名称	签署对象	所在地区	多（双）边	谈判领域
中国—巴基斯坦自贸区第二阶段谈判	巴基斯坦	南亚	双边	货物贸易降税模式、服务和投资领域扩大开放等议题等

注：海湾合作委员会成员包括阿联酋、阿曼、巴林、卡塔尔、科威特和沙特阿拉伯六国。

资料来源：根据我国商务部网站（http://www.mofcom.gov.cn/）和中国自由贸易区服务网（http://fta.mofcom.gov.cn/）提供的资料整理而得。

此外，我国完成了与印度的区域贸易安排联合研究，完成了与以色列的自贸区联合可行性研究，正与哥伦比亚、马尔代夫、格鲁吉亚和摩尔多瓦开展自贸区联合可行性研究，与智利进行自贸区升级版谈判（见表 5-3）。还加入了优惠贸易协定——《亚太贸易协定》。我国还在积极力推 FTAAP 和引领"一带一路"建设（见表 5-4）。

表 5-3　官方正在开展联合研究的自贸区

在研的自贸区	所在地区	联合研究进展情况
中国—印度自贸区	南亚	已完成
中国—以色列自贸区	西亚	已完成
中国—哥伦比亚自贸区	拉丁美洲	正在进行
中国—马尔代夫自贸区	南亚	正在进行
中国—格鲁吉亚自贸区	西亚	正在进行
中国—摩尔多瓦自贸区	东南欧	正在进行
中国—智利自贸区升级版	拉丁美洲	正在进行

注：在 2015 年 5 月，李克强总理访问哥伦比亚期间，中哥双方又重申要推进自贸区谈判的可行性研究工作。

资料来源：根据我国商务部网站（http://www.mofcom.gov.cn/）和中国自由贸易区服务网（http://fta.mofcom.gov.cn/）提供的资料整理而得。

第五章　我国自贸区发展及其与经济增长的关系分析

表 5-4　我国正在积极倡导建设的自贸区[①]

在研的自贸区	谈判对象	进展情况	意义
FTAAP[②]	APEC 的成员经济体	已经通过路线图	囊括 TPP 和 RCEP 两大自贸区,有望减少我国参与的 RCEP 同美国主导的 TPP 的对抗
"一带一路"	"一带一路"共建经济体	正在逐步开展沿线自贸区群的谈判	是我国自贸区建设由"参与者"转变为"引领者"的重要体现

资料来源:根据我国商务部网站(http://www.mofcom.gov.cn/)和中国自由贸易区服务网(http://fta.mofcom.gov.cn/)提供的资料整理而得。

根据表 5-1 至表 5-4 可知,我国在各个谈判建设阶段都有相关自贸区在运行、谈判或研究中,自贸区发展衔接比较紧密,没有出现发展"断层"现象。这说明我国自贸区发展后备力量强大、发展潜力巨大,并且我国开始逐步积极主动地倡导、规划,甚至提出自贸区发展的新思路和新设想。

(三) 主要发展特征

通过上述对我国自贸区发展现状的介绍,可以归纳出我国的自贸区建设表现出以下特征。

1. 起步很晚但发展较快

自中华人民共和国成立以来,由于遵循"不结盟"的政治交往原则,我国在很长一段时间内都较少关注自贸区的发展。改革开放后,又在集中精力争取复"关"入"世",对自贸区仍无暇

[①] 我国曾提出建设中国—南部非洲关税同盟自贸区、中国—南方共同市场自贸区和中国—欧盟自贸区,但这三个自贸区尚未得到对方实质性的回应。而且在中国自由贸易区服务网也没有这三个自贸区的相关介绍,因此本书不对这三个自贸区进行研究。

[②] 在 2014 年北京 APEC 会议上,FTAAP 进程宣布正式启动,但尚未进入可行性研究阶段。由于美国担心 TPP 谈判受到 FTAAP 的影响,使其关注度和热度下降,因此阻挠中国推动 FTAAP 谈判。

顾及。我国的自贸区建设正式起步于全球区域经济一体化发展的第四个阶段,起步已是很晚。虽然起步晚,但是发展速度较快,尤其是在2008年"次贷危机"爆发和2012年我国经济下行压力明显加大的背景下,我国达成自贸区、加快自贸区谈判,以及积极推进正在研究的自贸区建设的"步伐"明显加快。

2. 以亚洲为发展重心,尤其是我国周边地区

研究我国自贸区的发展现状可知,其发展坚持"邻近"原则。截至2017年11月,我国已经签署协定和正在谈判的自贸区中,涉及亚洲、拉丁美洲、大洋洲和欧洲地区,但除了大洋洲的新西兰、澳大利亚,拉丁美洲的智利、秘鲁、哥斯达黎加及欧洲的冰岛、瑞士和挪威外,其余的合作对象都地处亚洲。而且东盟十国、中国香港、中国澳门、中国台湾、巴基斯坦、韩国、日本和印度共17个国家或地区又是与我国邻近的周边经济体。但是截至目前,我国尚未与北美洲和非洲的经济体签署过自贸协定或者有正在谈判、正在研究中的自贸区。

3. 不同发展模式共存

从自贸区发展模式上看,发展模式不一,各具特点。谢锐和赖明勇(2009)将我国自贸区的发展模式归纳为三种,本书认为具体的发展模式概括为以下八种更为全面。

模式一:国内不同社会制度区域的模式,例如有内地与香港、澳门特别行政区的CEPA,大陆与台湾的ECFA。

模式二:与自贸区组织联手的模式,例如与东盟、海湾合作委员会的合作。

模式三:组建多边自贸区组织的模式,例如RCEP,还有正在推进中的FTAAP。

模式四:与发达国家、富裕国家合作的模式,例如与新加坡、新西兰、冰岛、瑞士、韩国、澳大利亚、挪威以及日本的合

作，这符合新区域主义的特征。

模式五：与发展中国家合作的模式，例如与印度、哥伦比亚、巴基斯坦、智利、秘鲁、哥斯达黎加的合作，这依然是旧区域主义的表现特征。

模式六：与能源丰裕经济体合作的模式，例如与海湾合作委员会、澳大利亚的合作。

模式七：在既有自贸区基础上进行进一步深化合作的模式，例如 CAFTA 升级版、中国—巴基斯坦自贸区第二阶段谈判等。

模式八：与自贸区组织和属于这个自贸区组织的某个或某些经济体进行自贸区谈判的模式，譬如我国与东盟建设自贸区，同时也与东盟成员新加坡建设自贸区；与东盟及日本、韩国、澳大利亚、新西兰和印度共建 RCEP，但同时又分别与东盟、韩国、澳大利亚、新西兰、印度建设自贸区，还与日本、韩国共建中日韩自贸区。

4. 整体建设层次低

主要体现在市场开放程度低和合作领域窄两方面。从市场开放程度看，由于我国参与的区域经济一体化的类型主要是自贸区，但自贸区在区域经济一体化的分类中层次很低，其关税减让的范围及谈判的议题都有限，市场开放程度低。而对于市场开放程度高的关税同盟、共同市场、经济同盟等其他区域经济一体化类型尚未涉足。在合作领域方面，从横向看，主要是以国际经贸领域的一般传统议题为主，仍以传统意义上对货物、服务贸易的减税为目的。对于超出经贸领域的议题，例如海关程序、知识产权、人员流动、品牌合作等也有涉及，但多无具体操作细节，只是笼统地在协议文本中提及。而对于 TPP、TTIP 等代表超高水平的新一代自贸区所涉及的环境保护、劳工标准及国有企业等"21 世纪新议题"，我国已经签署协定的自贸区涉及较少。从纵向看，我国签署的自贸区存在较多对协议双方的敏感产业、部门的保护，即存在"例外"的情况。其他的非敏感产业、部门也是强调在现有的税率水平上进一步降低关税，但大都没有强制规定直接取消双方的关税，这种合作水平也低于TPP强调的"无例外、零关税"的要求。

5. 自由化水平逐步提高且涉及领域范围逐步扩大

从首个自贸区CAFTA启动谈判到最新签署协定的中国—冰岛自贸区、中国—瑞士自贸区和中国—韩国自贸区、中国—澳大利亚自贸区，再到正在谈判协商中的CAFTA升级版可知，我国在建自贸区（含已经签署和正在谈判的自贸区）自由化水平和开放程度逐步提高，涉及谈判领域不断增多，合作质量不断提高。

而我国在2013年以前达成的自贸区的谈判主要关注的是货物贸易的自由化，缺少高规格和高质量的自贸区。现在我国的自贸区谈判包括在服务贸易自由化和投资领域自由化的基础上，开始涉及电子商务、竞争政策、政府采购、环境、劳工与就业合作、知识产权，以及竞争等非经济贸易领域的"21世纪新议题"。自贸区覆盖领域逐渐全面，同时参与免税和降税商品所占的比例也越来越高。

6. "多规制"的协议模式灵活性高

我国签署的一些自贸协定体现出"多规制"的减税模式，即根据不同的产品和行业进行快慢结合的降税措施，这有利于降低谈判的难度，尽快达成和实施协议，及早分享收益。"双轨制"的减税模式具体是指将部分谈判难度小、互补性高、双方都感兴趣的产品依靠"快速途径"先行降税，提前开放市场；其他产品仍然通过常规谈判步骤分阶段降税。这种模式在中国—东盟自贸区、中国—巴基斯坦自贸区中已取得良好的效果，为自贸区的进一步发展奠定了牢固基础，也使其他经济体与我国进行自贸区谈判的兴趣有所增强。

7. 尚未出现以我国为轴心的自贸区

进入 20 世纪末期,在全球和局部区域的自贸区中,"轮轴—辐条"结构开始逐渐蔓延。从全球范围观察,目前已形成以美国、欧盟为"一级轴心"的格局。从局部区域来看,也形成了以某些经济体为主导的"轮轴—辐条"结构,例如在东亚存在以东盟为主导的"10+6"合作机制和 RCEP,非洲南部形成以南非为核心的南部非洲关税同盟等。尽管我国已签署了多个自贸协定,但双方大都是地位平等的伙伴关系,或者是由其他经济体主导、我国参与的关系(如 RCEP),尚未出现以我国为二级或者三级轴心的自贸区。而且我国与世界"一级轴心"尚没有自贸区谈判的相关接触,想与之签署自贸协定在中短期恐难实现,这都对我国自贸区的进一步发展产生不利影响。

8. 以自贸区双边谈判为主,自贸区三边或多边谈判为辅

通过分析表 5-1 至表 5-4 可知,不论是已签协议的自贸区、正在谈判的自贸区,还是正在进行可行性研究的自贸区,都以双边自贸区谈判为主。双边的谈判包括与单个经济体的谈判,也包括与某个自贸区、经济组织的谈判,三边或多边自贸区谈判仅有中日韩自贸区、RCEP 和 FTAAP 等。

三边或多边自贸区谈判难度大是导致自贸区谈判形式以双边为主的主要原因。由于双边自贸区只涉及两方的谈判,相比涉及三方或者多方的自贸区谈判更容易达成一致和共识,谈判难度较小。因此,我国参与的自贸区中,三边和多边自贸区很少。在我国已经签署协定并且生效的自贸区中,全部是双边的自贸区形式;正在谈判阶段的自贸区只有中日韩自贸区是三边形式,RCEP 是多边形式;正在研究中的自贸区也以双边形式为主。此外,双边自贸区中的伙伴以单个国家或地区为主,只有东盟和海湾合作委员会是经济组织。

9. 能够继续深化合作并展开升级版或第二阶段谈判

我国与已经签署协定的自贸区伙伴均建立了较友好的经济合作关系，在自贸区生效后的自贸区运行中互利共赢，经济贸易得到发展，社会福利有进一步提高。但较早达成的自贸区受限于当时的经济发展阶段和当时的自由化要求，各方面内容要求都比较"粗糙"，合作程度和自由化、便利化水平偏低，可以说早前签署的自贸协定合作内容和减税范围已经逐渐不适应现如今的经济合作要求。随着全球区域经济一体化进程的飞速推进，自由贸易协定的内容也在不断创新，这就要求自贸区谈判顺应时代发展要求，进一步扩大合作领域、提高合作程度，切实向零关税、宽领域迈进，达成更多的"21世纪新议题"，以满足现阶段及今后一个时期内的经济发展需要。

中国—东盟自贸协定升级谈判、中国—巴基斯坦自贸协定第二阶段谈判，以及中国—智利自贸区升级版谈判就是这一特征的代表。还有在已达成的自贸区中召开自贸区的联委会会议、签署一系列《补充协议》等，都是在不断补充和完善既有的自贸合作协议。

10. 谈判之路并非一帆风顺

自贸区谈判受到政治因素、外交、国家关系、贸易往来密切程度等多方面综合因素的影响，因此，我国很多已经签署协定的自贸区在谈判时都历经艰辛和波折。正在进行谈判的自贸区中，有的谈判也已经陷入停滞或中止状态，比如与海湾合作委员会、挪威谈判的自贸区，都由于经济、政治等方面的原因谈判遭到搁浅。正在研究的自贸区有的也长时间没有明显进展，比如中印自贸区等。还有一些我国单方面提出想与之进行自贸区谈判但未得到对方的积极响应，比如想与欧盟进行自贸区谈判，但由于欧盟一直不承认我国的市场经济地位，因此短期内中欧双方仍难有自贸区谈判方面的实质性进展。

三、我国自贸区与经济增长的互动关系

2002年我国启动了首个自贸区谈判，自此我国自贸区发展进入了一个新时期。之后在较短的时间里，我国的自贸区建设取得了较大成就，并且发展速度越来越快，已经生效运行和正在谈判的自贸区伙伴经济体覆盖亚洲、欧洲、大洋洲和拉丁美洲共几十个国家和地区。在自贸区内的贸易、投资等经济往来活动日益频繁，对我国经济增长起到的作用也越来越大。在自贸区战略快速推进的同时，我国的经济建设更是取得了举世瞩目的成果。经济总量稳居世界第二，并且又继美国之后成为第二个经济总量突破10万亿美元的国家，经济增长的显著成果使得我国在世界的经济地位也日益重要，国际话语权和全球影响力不断增强。

我国自贸区建设和经济增长都取得不俗成绩的背后暗含着两者之间的一种互动关系。自贸区对经济增长提供了更广阔和更便利的市场与环境，经济的稳定增长也为自贸区发展提供了有力基础和切实保障。具体来讲，自贸区建设有利于我国经济增长的方面表现在：创造更自由、更便利的外部大市场环境，能够促进和加快资源的流动；提供优势互补和互利共赢的发展平台、更为广阔的国际市场和更为廉价的生产和消费资料；与自贸区伙伴之间的企业竞争有利于提高我国的劳动生产率，学习自贸区伙伴的先进生产经验，以及倒逼国内进行改革；自贸区产生贸易创造效应、投资创造效应等有利于经济增长的效应，会增加我国的消费者剩余，提高我国社会福利水平，增加伙伴国对我国的投资；有利于我国在参与经济全球化的进程中发挥比较优势，进一步扩大开放，成为我国构建开放型经济新体制的重要途径。任何闭塞的经济体都不可能获得显著的经济增长，我国在改革开放前后的经济增长对比就是例证。经济增长需要开放，建设自贸区就是进行

开放的重要手段和有效途径。

我国经济增长对自贸区建设的积极影响表现在：我国经济增长速度越快，就越需要更广大的市场满足过剩的商品和富余的资金储备。刺激产品出口和对外直接投资，需要贸易自由化和便利化的自贸区，从而产生对外开放、建设自贸区的内在动力。我国经济增长对自贸区发展也会产生诸如"虹吸效应"①、集聚效应、马太效应及溢出效应等。具体来讲，我国的经济增长越快、增长质量越高，对其他经济体的吸引力就越大，越易激起其他经济体与我国达成自贸区的兴趣，吸引其他经济体与我国达成自贸协定，其他经济体就越想搭上我国经济高速发展的"快车"，以便实现与我国经贸往来的自由化和便利化，从而更方便地利用我国的各类资源来发展自身经济。此时，我国就表现出了对其他经济体的资金、劳动力和技术等要素的"虹吸效应"和集聚效应。我国经济增长越快，"虹吸效应"和集聚效应越明显，从而对经济增长的驱动作用就越大，这就进入良性循环，产生马太效应。我国经济增长以后，充裕的生产要素将不会仅局限在国内，还会到其他经济体进行投资发展，就会带来生产要素的溢出效应。为了更好地发挥溢出效应，让资源流动更加畅通无阻，我国就会加快建设自贸区，以扫除各种壁垒障碍。

由此可见，自贸区建设与经济增长之间存在一个共同发展、相互促进和相辅相成的互动关系。

四、本章小结

本章从我国自贸区整体发展概况、自贸区发展与经济增长的

---

① "虹吸效应"是物理学上的一个概念。在国际经济学中它是指某一地区由于存在某种优势，从而对社会经济资源等能够产生强大的吸引力，这就会使得其他地区，尤其是周边地区的消费、投资向这一地区靠拢，最终结果是具有优势的这一地区得以快速发展，其他地区被抑制发展。

互动关系，以及自贸区在我国经济增长中的关键地位三大方面进行了分析。研究认为我国自贸区的发展历经艰难，受国内外政治、经济环境，以及意识形态、思想观念等因素的影响大，目前自贸区发展受到国家的高度重视和大力扶持，正在驶入发展的"快车道"，已经开始规划面向全球布局的自贸区网络，自贸区发展显示出极大的发展潜力。从首个自贸区开启谈判到现在，已签署协定、正在谈判和正在研究的自贸区表现出了起步很晚但发展较快；以亚洲为发展重心，尤其是我国周边地区；不同发展模式共存；整体建设层次低；自由化水平逐步提高且涉及领域范围逐步扩大；"多规制"的协议模式灵活性高；尚未出现以我国为轴心的自贸区；以自贸区双边谈判为主，自贸区三边或多边谈判为辅；能够继续深化合作并展开升级版或第二阶段谈判；以及谈判之路并非一帆风顺共十大发展特征。

我国自贸区发展与经济增长有着互动关系，两者相互驱动、互为支撑。而且自贸区在我国经济增长中的经济战略地位日益被重视，是构建开放型经济新体制的重要组成部分。我国与自贸区伙伴的历年贸易额、投资额占据同期我国贸易投资总额的很大比重，说明与自贸区伙伴的经济往来对盘活我国经济作用较大。

总之，自贸区是我国经济增长的重要基础和有力保障，在一定程度上能够起到为我国经济增长"保驾护航"的作用。

第六章　我国已签署协定自贸区驱动经济增长的实证研究

一、引言

我国已经签署的14个自贸协定（见表5-1），是我国进行对外经济交往的重要枢纽。它们搭建起了我国与自贸区伙伴优势互补、互通有无的重要"桥梁"，对促进我国对外贸易增长、外商直接投资上升、对外经济合作加强，以及经济总量扩大等都有积极意义。此外，通过已经签署协定的14个自贸区，我国积累了一定的自贸区谈判技巧和经济合作经验，特别是对自贸区谈判的"21世纪新议题"更加熟悉。已签署协定的14个自贸区为我国正在谈判的自贸区、正在研究中的自贸区创造了有利基础条件，明确了自贸区谈判中要注意的难点和重点，为后续自贸区谈判起到了良好的示范作用。

本章就以已签署协定的自贸区为研究样本，通过描述性分析和计量实证来考察它们对我国经济增长的具体驱动情况。

二、已签自贸区情况简析

在合作的区域分布方面，已经签署协定的自贸区伙伴以我国周边经济体为主，东盟以及新加坡、巴基斯坦、中国香港、中国澳门、中国台湾及韩国都是周边的经济体，数量有7个，占比超过50%；与拉美地区的经济体签署自贸协定为辅，数量为3个。

第六章　我国已签署协定自贸区驱动经济增长的实证研究

此外,与大洋洲的新西兰、澳大利亚签署了自贸协定,与欧洲的冰岛、瑞士分别签署了自贸协定。

在自贸区谈判的进度和时间分布方面,CAFTA开展谈判的时间最早,中国内地与香港和澳门的两个CEPA签署的时间最早,从2003年首次签署2个自贸协定至2017年,各个年度的签署数量比较平均,但在2004年、2007年、2011年、2012年、2014年、2016年没有签署新的协定,其他年度签署数量为1~3个。

在合作的程度方面,中韩自贸区和中澳自贸区都在2015年签署协定,自由化水平和合作范围也是我国已达成的自贸区中最高和最大的。已经签署协定的自贸区呈现出签署时间越晚,自由化水平越高的特点,较早达成的自贸区,由于其自由化水平和合作范围已经较大程度落后于如今的自贸区一般水平和当前自贸区各方的实际经济发展水平,因此,诸如CAFTA和中国—巴基斯坦自贸区,现在都已经开始了升级版或者第二阶段的谈判。

在合作的对象方面,与发达国家或地区签署协定9个,分别是我国与新加坡、新西兰、冰岛、瑞士、韩国和澳大利亚的自贸协定,以及中国内地与香港和澳门的CEPA,中国大陆与台湾的ECFA;与发展中经济体签署协定5个,分别是我国与东盟,以及巴基斯坦、智利、秘鲁、哥斯达黎加的自贸区。

在合作贸易伙伴的重要性方面,根据中国海关总署公布的资料,2023年,我国的十大贸易伙伴依次为美国、日本、韩国、中国香港、中国台湾、俄罗斯、越南、澳大利亚、德国、马来西亚。在这十大贸易伙伴中,韩国、中国香港、中国台湾、澳大利亚都已经与我国签署了自贸协定,越南、马来西亚也都可以在中国—东盟自贸协定升级版的框架下与我国开展自由贸易。由此可知,自贸区伙伴占我国十大贸易伙伴数量的比重达到60%。

三、引力模型实证

本章基于静态面板数据，并以引力模型为基础构建扩展贸易引力模型和经济总量扩大方程，对已经签署协定的12个自贸区（未包括中韩自贸区和中澳自贸区[①]）的经济增长效应进行计量研究。研究分为对外贸易增长效应和经济总量扩大效应两部分。

（一）对外贸易增长效应

本部分研究的是我国已签署协定并生效的12个自贸区，对我国贸易增长的效应，是从单个国家的角度进行探讨，属于一对多的研究模式，即我国对各个自贸区伙伴的贸易，而不是多个经济体之间的两两贸易。

对我国已经签署协定的自贸区经济增长效应的分析属于事后分析的范畴，常用的方法是贸易引力模型、巴拉萨模型、贸易强度指数及贸易创造、贸易转移等，贸易引力模型是对自贸区经济效应进行事后分析的主要方法。本部分的实证研究就采用了根据研究需要进行扩展调整后的贸易引力模型。

首先根据原始贸易引力模型来构建适合本部分研究的具体方程形式。

1. 扩展贸易引力模型构建

贸易引力模型的原始形式：

$$T_{ijt} = \lambda \times \frac{G_{it} G_{jt}}{D_{ij}} \quad (6-1)$$

[①] 这里不包括中韩自贸区和中澳自贸区，将这两个自贸区对我国经济增长效应的分析放在第七章，用GTAP事前模拟方法进行分析。

T_{ijt} 代表第 t 年经济体 i 和经济体 j 之间的货物贸易总额;① λ 为常数项（回归系数）;G_{it}、G_{jt} 分别表示第 t 年经济体 i 和经济体 j 的国内生产总值;D_{ij} 表示经济体 i 和经济体 j 两个经济体间的距离。由于式 (6-1) 是非线性的，将该式等号两边通过同时取自然对数的方法进行线性化处理，得到式 (6-2):

$$\ln T_{ijt} = \alpha_0 + \alpha_1 \ln(G_{it}G_{jt}) + \alpha_2 \ln D_{ij} + \mu_{ijt} \qquad (6-2)$$

假定 i 国代表中国，j 代表已与中国签署协定的自贸区伙伴，μ_{ijt} 为随机误差项。

根据本研究需要对式 (6-2) 进行扩展，引入一些对我国货物进出口贸易可能有影响的其他变量，以便更全面地分析问题。引入的变量有 P_t、P_{jt}、Y_t、Y_{jt} 和 FTA_{jt}。其中，P_t 代表第 t 年我国的人口数量，P_{jt} 代表第 t 年我国某个自贸区伙伴的人口数量，人口数量对于出口、进口贸易影响较大;Y_t 代表第 t 年我国的人均 GDP，Y_{jt} 代表第 t 年我国某个自贸区伙伴的人均 GDP，人均 GDP 对进口、出口贸易也有重要影响，同时人口数量和人均 GDP 决定 GDP 总量，此外，人均 GDP 是衡量一个经济体是否为发达经济体的重要标准，也是对我国自贸区伙伴按照经济发达程度进行分类的主要指标;FTA_{jt} 代表第 t 年已经与我国达成自贸区的经济体 j，以达成自贸区的年份为准，其中中国—东盟自贸区以 2004 年双方"早期收获协议"的正式实施为准。扩展后得到式 (6-3):

$$\ln T_{ijt} = \alpha_0 + \alpha_1 \ln(G_{it}G_{jt}) + \alpha_2 \ln D_{ij} + \alpha_3 \ln(P_{it}P_{jt})$$
$$+ \alpha_4 \ln(Y_{it}Y_{jt}) + \alpha_5 FTA_{jt} + \mu_{ijt} \qquad (6-3)$$

由于是一对多的研究模式，只关注自贸区建设对我国贸易增长的影响，i 只表示中国。因此为简化分析，可以将式 (6-3) 中

---

① 根据《中国统计年鉴》公布的"我国同各国（地区）海关货物进出口总额"数据而得。

的 i 省略掉，则式（6-3）可写为式（6-4）：

$$\ln T_{jt} = \alpha_0 + \alpha_1 \ln(G_t G_{jt}) + \alpha_2 \ln D_j + \alpha_3 \ln(P_t P_{jt})$$
$$+ \alpha_4 \ln(Y_t Y_{jt}) + \alpha_5 FTA_{jt} + \mu_{jt} \qquad (6-4)$$

本书实证分析所使用模型具体形式如式（6-4）。研究选取的时间段为 2002—2013 年，选择从 2002 年开始，是因为 2002 年是我国开始第一个自贸区 CAFTA 谈判的时间。将贸易总额、GDP、人均 GDP 的数据单位统一为美元，人口的单位统一为万人。研究使用的计量工具为 EViews7.2。考虑研究样本数据的特点，并且研究主要观察已签署协议自贸区整体上对我国贸易增长的驱动作用，不考虑个体效应，研究采用混合回归模型（毛新雅和王桂新，2006；李荣林和赵滨元，2012；齐玮，2013）。模拟过程中为了克服可能存在的异方差和同期相关性问题，采用 cross-section SUR 加权方法。

2. 变量描述

式（6-4）中对我国货物贸易总额可能产生影响的各个变量的类型及名称、预期符号、含义、解释说明及数据来源见表 6-1；被解释变量和解释变量的数量统计见表 6-2。

3. 自贸区伙伴的分组

将与我国已签署协定的自贸区伙伴按其经济发达程度分为经济发达自贸区伙伴、经济欠发达自贸区伙伴和全部的自贸区伙伴三类，意在对比研究自贸区伙伴经济发达程度高低，以及自贸区伙伴数量多少对我国贸易增长的影响。以下为具体分类情形。

情形一：经济发达自贸区伙伴，包括新加坡、新西兰、冰岛、瑞士、中国香港、中国澳门及中国台湾。

情形二：经济欠发达自贸区伙伴，包括巴基斯坦、智利、秘鲁和哥斯达黎加和东盟。

情形三：全部 12 个自贸区伙伴。

第六章 我国已签署协定自贸区驱动经济增长的实证研究

表6-1 各变量具体描述

变量类型	变量名称	预期符号	变量含义	解释说明	数据来源
被解释变量	$\ln T_{jt}$	—	第t年我国与某一自贸区伙伴j的历年进出口贸易的总额取自然对数	两国贸易流量的大小受到诸多因素的综合影响	《中国统计年鉴》
核心解释变量	FTA_{jt}	正相关	虚拟变量,代表第t年某一自贸区伙伴j是否已经与我国签署自贸协定,已经签署值取1,未签署值取0	贸易双方签署自贸协定产生的一系列静态效应和动态效应能够促进双方的贸易流量和贸易总额	中国自由贸易区服务网
	$\ln(G_t G_{jt})$	正相关	第t年我国与某一自贸区伙伴j的GDP乘积的自然对数,即各自的GDP取自然对数后相加	两国经济发展水平越高,对进口的需求就越大,出口的能力也越强,就越能刺激双方之间的贸易量	世界银行、《中国统计年鉴》[①]
控制解释变量	$\ln D_j$	负相关	我国上海/深圳与某一自贸伙伴j的首都或中心城市的航空距离	两国距离越远,运输成本越高,"冰山成本"越大,越不利于双方贸易往来	距离查询器[②]

[①] 世界银行秉持一个中国原则的政治立场,不单独公布与台湾有关的统计数据。故台湾的GDP、人均GDP和人口数量均来源于《中国统计年鉴》公布的台湾的人均本地居民生产总值(美元)、户籍登记人口数,本地居民生产总值通过人均本地居民生产总值与户籍登记人口数的乘积而得。

[②] 根据 http://www.bjqing.com/find/jingwei/index.asp 布 http://www.timeanddate.com/worldclock/distance.html 中的距离查询器查询而得。我国内地与香港、澳门的距离以深圳为准;我国与其他自贸伙伴的距离均以上海和各自贸区伙伴的首都为准,但和东盟的距离以东盟秘书处所在地印度尼西亚首都雅加达为准,和中国台湾的距离以台北为准。

— 109 —

续表

变量类型	变量名称	预期符号	变量含义	解释说明	数据来源
控制解释变量	$\ln(P_t P_{jt})$	正相关	第 t 年我国与某一自贸区伙伴 j 各自的人口数量取自然对数后的和	人口数量越多，对商品的需求量就越大，往往带动双边贸易	世界银行
	B_j	正相关	虚拟变量，代表我国与一自贸区伙伴 j 是否陆地接壤，接壤值取 1，不接壤值取 0	两国陆地接壤能够减少贸易运输成本，刺激贸易量	中国地图
	$\ln(Y_t Y_{jt})$	负相关	第 t 年我国与某一自贸区伙伴 j 的人均 GDP 分别经过自然对数处理后再相减的绝对值	根据林德的"偏好相似理论"[①]，$\ln(Y_t Y_{jt})$ 的值越小，代表双方的人均收入水平越接近，其各自的消费需求也越相近，会带来产业内贸易流量增加	世界银行、《中国统计年鉴》

① "偏好相似理论"（又称"重叠需求理论"）是由瑞典经济学家林德（S. B. Linder）首次提出的一种从需求方面来研究自由贸易效应的方法。该理论的主要含义是指从消费者行为方面来解释贸易发生的原因，认为两个经济体的人均收入越接近，则彼此需求结构的重叠部分越大，故两国经济体的贸易关系就会在这两个经济体之间发生。这种理论在国内常被简称为"林德效应"。

— 110 —

第六章 我国已签署协定自贸区驱动经济增长的实证研究

表6-2 被解释变量和解释变量的数量统计

统计方法	被解释变量和解释变量				解释变量	
	$\ln T_{jt}$	$\ln G_t G_{jt}$	$\ln D_j$	$\ln P_t P_{jt}$	$\ln Y_t Y_{jt}$	FTA_{jt}	B_j
均值	22.84	54.53	8.07	18.68	2.03	0.53	0.33
中位数	22.67	54.65	8.77	18.38	2.21	1.00	0.00
极大值	26.82	58.37	9.85	22.87	3.75	1.00	1.00
极小值	17.31	50.68	3.84	15.12	0.02	0.00	0.00
标准差	2.34	1.61	1.95	2.04	1.00	0.50	0.47
偏度	−0.25	−0.15	−1.29	0.24	−0.24	−0.11	0.71
峰度	2.27	2.64	3.22	2.76	2.01	1.01	1.50
Jarque-Bera检验	4.65	1.31	39.96	1.69	7.19	24.00	25.50
相伴概率	0.10	0.52	0.00	0.43	0.03	0.00	0.00
总和	3289.24	7851.98	1162.08	2690.01	292.71	76.00	48.00
离差平方和	781.94	371.56	542.29	595.47	144.22	35.89	32.00

— 111 —

4. 实证结果及分析

根据式（6-4）及在变量描述和自贸区伙伴分组的基础上，通过 EViews 运算可以得到实证结果（见表 6-3）。

表 6-3 自贸区伙伴对我国贸易总额增长的混合回归结果

变量	情形一 $\ln T_{jt}$	情形二 $\ln T_{jt}$	情形三 $\ln T_{jt}$
$\ln G_t G_{jt}$	0.12408***	0.906624***	0.238619***
	(5.93247)	(29.29641)	(86.99458)
$\ln D_j$	−0.691792***	−0.806185***	−1.042058***
	(−13.49534)	(−5.234732)	(−173.3312)
$\ln P_t P_{jt}$	1.21913***	−1.087045***	0.932206***
	(29.83372)	(−21.16118)	(120.376)
$\ln Y_t Y_{jt}$	−0.005586	1.316568***	0.65755***
	(−0.104698)	(15.17682)	(358.8587)
FTA_{jt}	0.582633***	0.248282***	1.178379***
	(7.554636)	(3.505168)	(161.3863)
B_j	−1.444867***	1.314552***	−3.388436***
	(−5.497772)	(3.096338)	(−100.861)
面板观测值	84	60	144
估计方法	面板广义最小二乘估计法	面板广义最小二乘估计法	面板广义最小二乘估计法
加权统计值			
调整后 R^2	0.995505	0.994143	0.99995
DW 值	1.101614	1.043996	1.981054
未加权统计值			
R^2	0.923826	0.920704	0.834345
DW 值	0.116937	0.144517	0.147494

注：***表示在 1% 的显著性水平上通过检验，圆括号内的数值为 t 统计量。

根据表 6-3，在面板广义最小二乘估计法下采用 cross-section SUR 加权后的统计值明显优于未加权统计值，说明在加权情况下的整体计量效果更好。加权情况下调整后的 R^2 在任一情形下数值都很高，表明拟合效果很好，模型能较充分地解释所要研究的问题。

首先观察核心解释变量 FTA_{jt} 对我国对外贸易增长[①]的驱动作用。从整体上看，无论是情形一中的 7 个经济发达自贸区伙伴、情形二中的 5 个经济欠发达自贸区伙伴，还是情形三中的全部 12 个自贸区伙伴，都对我国贸易总额增长产生正向驱动作用。但实证研究发现，经济发达自贸区伙伴产生的驱动力要大于经济欠发达自贸区伙伴的驱动力，与前者的自贸区建设驱动我国进出口贸易总额增长的回归系数值约为 0.58，与后者进行自贸区建设驱动我国进出口贸易总额增长的回归系数值约为 0.25，而囊括全部 12 个自贸区伙伴的自贸区建设对我国贸易总额增长的驱动力达到最大水平，驱动我国进出口贸易增长的回归系数值约为 1.18。这既表明自贸区的确对我国进出口贸易增长起到较大的驱动作用，带来较明显的贸易创造效应，还表明自贸区伙伴的经济越发达，产生的驱动力越大，同时达成的自贸区数量越多，带来的驱动力也越大，均呈正相关关系。

再观察其他控制解释变量对我国进出口贸易总额的驱动情况。$\ln G_t G_{jt}$ 的回归结果都显示有正向驱动作用，符合预期，而且在 1% 的显著性水平下均通过检验，表明自贸区伙伴经济增长会驱动我国进出口贸易的增长。$\ln D_j$ 的回归结果都显示有负向驱动作用，符合经济预期，说明自贸区伙伴之间的地理位置相距越远，交易货物的运输成本及"冰山成本"都将不利于我国进出口贸易的增长。$\ln P_t P_{jt}$ 的回归结果仅在经济欠发达自贸区伙伴的情形下不符合经济

[①] 根据被解释变量的含义，此处的对外贸易增长指的是我国与已签署协定的自贸区伙伴的对外贸易的增长。在其他条件既定的情况下，我国与已签署协定的自贸区伙伴的对外贸易增长会带来我国整体对外贸易的增长。

预期，人口数量对我国进出口贸易增长显示出负向驱动作用，说明经济欠发达自贸区伙伴人口数量的变动对我国进出口贸易总额的影响并不显著。这可能是由于经济欠发达自贸区伙伴的消费水平和购买能力低，不利于我国的商品在这些地区的出口销售。$\ln Y_t Y_{jt}$ 的回归结果在经济欠发达自贸区伙伴和全部12个自贸区伙伴的情形下通过显著性检验，但是不满足林德的"偏好相似理论"，而且不符合经济预期，出现正相关，即表示与我国人均收入越接近的自贸区伙伴对我国进出口贸易增长的驱动力越大，表明在这两种情形下更多的是推动我国与自贸区伙伴之间优势互补、互通有无的产业间进出口贸易的发展；B_j 的回归结果在三种情形下都在1%的显著性水平下通过检验，其中在经济发达自贸区伙伴和全部自贸区伙伴的情形下发生了"边境效应"①，即负相关关系。

（二）经济总量扩大效应

已签署协定的自贸区对我国经济总量扩大的影响情况如何？本部分将通过构建经济总量扩大方程并采用计量经济学相关实证方法进行研究。

1. 经济总量扩大方程构建

以贸易引力模型为基础构建经济总量扩大方程。式（6-1）表示的贸易引力模型的被解释变量是贸易总额，但本部分研究的是经济总量扩大效应，被解释变量应该是经济总量，通过变换式（6-1）可以得到式（6-5）：

$$\ln G_t = \rho_0 + \rho_1 \ln G_{jt} + \rho_2 \ln D_j + \rho_3 \ln T_{jt} \qquad (6-5)$$

根据研究需要对式（6-5）进行拓展，引入一些可能对我国经济总量扩大有影响的其他变量，引入的变量有 T_{jt}、EX_{jt}、IM_{jt}、FDI_{jt}、EC_{jt} 和 FTA_{jt}（变量具体含义见表6-4）。由此通过扩展式

---

① "边界效应"是指由于边界具有异质性，是众多信息会聚的地方，容易产生一些比较特殊的现象。

(6-5)可以得到式(6-6):

$$\ln G_t = \rho_0 + \rho_1 \ln G_{jt} + \rho_2 \ln D_j + \rho_3 \ln T_{jt} + \rho_4 \ln EX_{jt} + \rho_4 \ln IM_{jt}$$
$$+ \rho_5 \ln FDI_{jt} + \rho_6 \ln EC_{jt} + \rho_7 \ln FTA_{jt} + \sigma_t \qquad (6-6)$$

研究选取的时间段仍为2002—2013年,研究使用的计量工具也是EViews7.2,仍然采用混合回归模型及cross-section SUR加权方法进行运算。

2. 变量描述

式(6-6)中各个变量的类型及名称、预期符号、含义、解释说明,以及数据来源如表6-4所示。

除距离、自贸区两个变量外,其他经济衡量指标的原始数据的单位都换算为万美元,这与分析自贸区对外贸易增长效应时相关经济指标的单位都换算为美元不同。因为贸易增长效应涉及人均GDP,若单位为万美元,那么人均GDP不足万美元的经济体的数据取自然对数后会成为负数,影响实证运算,相关数量统计情况如表6-5所示。

3. 自贸区伙伴的分组及实证分析

情形四:经济发达自贸区伙伴,包括新加坡、新西兰、冰岛、瑞士、中国香港、中国澳门及中国台湾。

情形五:经济欠发达自贸区伙伴,包括巴基斯坦、智利、秘鲁和东盟(因哥斯达黎加相关数据缺失严重,故未含哥斯达黎加)。

情形六:除哥斯达黎加外的其他全部11个自贸区伙伴。

在上述方程构建、数据搜集及自贸区伙伴分组之后,计量实证运算结果如表6-6所示。

根据表6-6,无论是情形四、情形五还是情形六,加权统计下的整体计量结果更好。调整后R^2和DW值都优于未加权情况下R^2和DW值,表明采用cross-section SUR加权有效地克服了自相关和异方差问题,提高了拟合优度和估计准确性。

表 6-4 各变量描述

变量类型	变量名称	预期符号	变量含义	解释说明	数据来源
被解释变量	$\ln G_t$	—	第 t 年我国 GDP 的自然对数	自贸区条件下我国经济增长受到诸多经济因素的影响	世界银行
核心解释变量	FTA_{jt}	正相关	虚拟变量,代表第 t 年某一自贸区伙伴 j 是否已经与我国签署自贸协定,已经签署值取 1,未签署值取 0	贸易双方签署自贸协定产生的一系列静态效应和动态效应可能影响双方的经济增长	中国自由贸易区服务网
控制解释变量	$\ln G_{jt}$	正相关	第 t 年某一自贸区伙伴 j 的 GDP 的自然对数	自贸区伙伴的经济发展水平越高,对我国经济增长的带动辐射作用就越大	世界银行
	$\ln D_j$	负相关	我国与某一自贸区伙伴 j 的距离自然对数	两国距离越远,运输成本越高,"冰山成本"越大,越不利于双方经济往来	距离查询器
	$\ln T_{jt}$	正相关	第 t 年我国与某一自贸区伙伴 j 的进出口贸易总额	自贸区环境下,对外贸易更有利于按照比较优势和要素禀赋理论实现自贸区伙伴之间的优势互补、分工合作,共同受益	《中国统计年鉴》

续表

变量类型	变量名称	预期符号	变量含义	解释说明	数据来源
控制解释变量	$\ln EX_{jt}$	正相关	第t年我国对某一自贸区伙伴j的出口贸易总额的自然对数	出口是经济总量扩大的直接因素，自贸区环境下扩大外贸企业的销售市场、提高利润；增加出口创汇也是国家的重要外汇来源	《中国统计年鉴》
	$\ln IM_{jt}$	不确定	第t年我国从某一自贸区伙伴j的进口贸易总额的自然对数	进口直接降低经济总量，属于资金流出，但进口为经济总量扩大提供必须生产资料，有利于创造更大经济财富	《中国统计年鉴》
	$\ln FDI_{jt}$	正相关	第t年我国某一自贸区伙伴j对我国的实际外商直接投资自然对数	按照GDP的计算方法，实际利用外商直接投资要计入被投资方GDP	《中国统计年鉴》
	$\ln EC_{jt}$	正相关	第t年我国在某一自贸区伙伴j的承包工程完成营业额的自然对数	对外承包工程是对外经济合作的主要形式，是外汇重要来源，增加"走出去"企业利润	《中国统计年鉴》

— 117 —

表 6-5 被解释变量和解释变量的数量统计

统计方法	$\ln G_t$	$\ln G_{jt}$	$\ln D_j$	$\ln T_{jt}$	$\ln EX_{jt}$	$\ln IM_{jt}$	$\ln FDI_{jt}$	$\ln EC_{jt}$	FTA_{jt}
均值	19.74	16.51	7.93	13.97	13.18	12.97	10.29	10.28	0.55
中位数	19.80	16.66	8.47	13.90	12.95	13.33	10.92	11.06	1.00
极大值	20.64	19.30	9.85	17.61	17.46	16.84	15.81	14.56	1.00
极小值	18.79	13.46	3.84	8.10	7.52	7.27	1.39	0.00	0.00
标准差	0.62	1.31	1.98	2.21	2.16	2.34	3.36	2.61	0.50
偏度	−0.06	−0.39	−1.17	−0.48	−0.24	−0.48	−0.94	−1.16	−0.18
峰度	1.61	2.90	2.92	2.78	2.82	2.54	3.40	4.56	1.03
Jarque-Bera 检验	10.69	3.40	30.32	5.37	1.41	6.32	20.52	42.84	22.01
相伴概率	0.00	0.18	0.00	0.07	0.49	0.04	0.00	0.00	0.00
总和	2605.35	2179.12	1046.88	1843.77	1739.72	1712.51	1358.29	1357.24	72.00
离差平方和	50.52	224.71	511.64	639.78	613.30	719.83	1480.11	893.92	32.73

第六章 我国已签署协定自贸区驱动经济增长的实证研究

表 6-6 自贸区伙伴对我国经济总量扩大的混合回归结果

变量	情形四 $\ln G_t$	情形五 $\ln G_t$	情形六 $\ln G_t$
$\ln G_{jt}$	1.330366***	−0.09439	1.046173***
	(16.04863)	(−1.053782)	(31.07372)
$\ln D_j$	0.203649***	1.794244***	0.376037***
	(3.534514)	(34.47137)	(19.38935)
$\ln T_{jt}$	1.200081***	−1.155229***	3.148351***
	(3.46752)	(−4.834151)	(27.46538)
$\ln EX_{jt}$	−0.381718**	1.373087***	−1.427295***
	(−2.066519)	(12.32059)	(−25.64438)
$\ln IM_{jt}$	−1.163969***	−0.071414	−2.074791***
	(−7.914271)	(−0.607963)	(−36.19013)
$\ln FDI_{jt}$	−0.243807***	0.02848*	−0.064695***
	(−6.697191)	(1.843861)	(−9.441321)
$\ln EC_{jt}$	0.238131***	0.344818***	0.160535***
	(9.226712)	(9.775042)	(19.45656)
FTA_{jt}	0.519976***	0.128498**	0.299643***
	(9.844288)	(2.488001)	(12.64652)
面板观测值	84	48	132
估计方法	面板广义最小二乘估计法	面板广义最小二乘估计法	面板广义最小二乘估计法
加权统计值			
调整后 R^2	0.910147	0.983063	0.951938
DW 值	1.265573	1.291029	1.739409
未加权统计值			
R^2	−0.37563	0.904145	−0.916367
DW 值	0.479582	0.488695	0.173108

注：＊＊＊、＊＊、＊分别表示在1％、5％、10％的水平上通过检验，圆括号内的数值为 t 统计量。

observation核心解释变量 FTA_{jt} 的回归结果可知,无论是情形四中的经济发达自贸区伙伴、情形五中的经济欠发达自贸区伙伴,还是情形六中的全部11个自贸区伙伴的回归结果,都表明自贸区建设与我国经济总量扩大之间存在正相关关系,符合经济预期。而且回归系数都在1%或5%的水平下通过显著性检验,运算结果合理有效。具体来看,与经济发达自贸区伙伴建设自贸区驱动我国经济总量扩大的回归系数值约为0.52,与经济欠发达自贸区伙伴建设自贸区驱动我国经济总量扩大的回归系数值约为0.13,与全部的自贸区伙伴建设自贸区驱动我国经济总量扩大的回归系数值约为0.3。这也表明与经济发达经济体达成自贸区对我国经济总量扩大的驱动力大,还表明达成的自贸区数量越多对我国经济总量扩大的驱动力也就越大。

再来分析控制解释变量对我国经济总量扩大的影响情况。$\ln G_{jt}$ 在情形四和情形六下的回归系数均在1%的显著性水平下通过检验,而且都符合经济预期,表明均对我国经济总量扩大存在正向驱动作用。在情形五下的回归系数既不符合经济意义,又未通过显著性检验,因此回归结果无参考意义。$\ln D_j$ 在三种情形下都通过了显著性检验,但与经济预期不符,缺乏经济意义,这可能是由于在7个经济发达自贸区伙伴中的主要经济伙伴(中国香港、中国台湾、中国澳门、新加坡)都与我国(大陆)接壤或临近,以及在4个经济欠发达自贸区伙伴中的主要经济伙伴(东盟、巴基斯坦)都与我国接壤的缘故。因此,与自贸区伙伴的距离整体上对我国经济总量扩大的影响不显著。$\ln T_{jt}$ 和 $\ln EX_{jt}$ 无论在何种情形下,进出口贸易总额和出口贸易总额都对我国经济总量扩大有显著影响,回归系数都能够在1%或5%的显著性水平下通过检验。但在情形四和情形六下,出口总额的回归系数不符合经济预期,没有经济意义;在情形五下,进出口贸易总额的回归系数不符合经济预期,没有经济意义。$\ln IM_{jt}$ 在三种情形下的回归系数都为负值，尽管从数值上看进口贸易总额的提高对我国经济总量的扩大有消极影响，但是进口对于我国实现贸易均衡，满足生产和生活需要等具有重要意义。$\ln FDI_{jt}$在三种情形下均通过显著性检验，但只有在经济欠发达自贸区伙伴情形下的回归系数符合经济预期。$\ln EC_{jt}$在三种情形下均在1%的显著性水平下通过检验，而且回归系数均为正值，符合经济意义。在经济欠发达自贸区伙伴情形下自贸区对我国经济总量扩大的驱动力最大。

（三）本节小结

根据对外贸易增长效应和经济总量扩大效应的实证研究结果可知，已签署协定的自贸区建设的确对我国经济增长起到积极驱动作用。同时，与经济发达程度不同的经济体达成的自贸区对我国经济增长的驱动力并不同，达成数量的多少也直接影响自贸区对我国经济增长的驱动力大小。

具体来看，在驱动我国进出口贸易增长方面，与经济发达自贸区伙伴、经济欠发达自贸区伙伴及全部自贸区伙伴建设自贸区都能驱动我国进出口贸易总额增长。但是产生的驱动力大小有异，其中与全部自贸区伙伴的自贸区建设产生的驱动力最大，其次是与经济发达自贸区伙伴的自贸区建设，最后是与经济欠发达自贸区伙伴的自贸区建设。在驱动我国经济总量扩大方面，根据回归结果也可以发现，与经济发达自贸区伙伴、经济欠发达自贸区伙伴及全部自贸区伙伴建设自贸区都能驱动我国经济总量扩大，但与经济发达自贸区伙伴建设自贸区产生的驱动力最大，与全部自贸区伙伴建设自贸区产生的驱动力次之，与经济欠发达自贸区伙伴建设自贸区产生的驱动力最小。以上分析均表明，我国不仅要继续积极开展自贸区合作，还要争取与经济发展水平高以及更多的经济体签署自贸协定。

除此之外，与自贸区伙伴相关的控制解释变量也对我国对外贸易的增长和经济总量扩大产生影响。总体来看，自贸区伙伴经济发展水平越高，对我国进出口贸易增长和经济总量扩大的正向驱动力就越大；我国与自贸区伙伴的距离与进出口贸易的增长成反比，但并未对我国经济总量扩大产生消极影响，说明我国经济总量的扩大受到其他更重要的因素的影响；自贸区伙伴的人口数量、边境效应和"林德效应"下的人均收入等因素也对我国进出口贸易增长产生不同程度的影响；与自贸区伙伴的贸易、外商直接投资和承包工程也对我国经济总量扩大有或大或小、或正或负的驱动力。

四、本章小结

本章深入研究了我国已经签署协定的自贸区驱动我国经济增长的具体情况。从对外贸易增长效应和经济总量扩大效应两方面分析了已签署协定的自贸区伙伴对我国经济增长的驱动情况。研究都将自贸区伙伴分为经济发达自贸区伙伴、经济欠发达自贸区伙伴和全部自贸区伙伴三种情形分别进行了计量回归。首先运用扩展的贸易引力模型对自贸区驱动我国贸易总额增长的情况进行研究，发现与经济发达自贸区伙伴、经济欠发达自贸区伙伴和全部自贸区伙伴达成的自贸区都会驱动我国进出口贸易总额增长。在经济总量扩大效应方面，以贸易引力模型为基础构建的经济总量扩大模型的实证结果也显示，与经济发达自贸区伙伴、经济欠发达自贸区伙伴和全部自贸区伙伴签署自贸协定后都会驱动我国经济总量的扩大。此外，对外贸易增长效应和经济总量扩大效应的结果也都显示出，与经济发达经济体达成自贸区对我国经济增长的驱动力更大，达成的自贸区数量越多对我国经济增长的驱动力越大。

第七章　我国正在谈判的自贸区驱动经济增长实证模拟

一、引言

截至 2017 年 11 月，我国正在谈判的自贸区数量为 7 个，涉及 24 个国家。7 个自贸区谈判分别为中国—海湾合作委员会自贸区谈判、中国—斯里兰卡自贸区谈判、中国—挪威自贸区谈判、中日韩自贸区谈判、RCEP 和中国—东盟自贸协定（"10＋1"）升级谈判、中国—巴基斯坦自贸协定第二阶段谈判；24 个国家分别为阿拉伯联合酋长国、沙特阿拉伯、科威特、巴林、阿曼、卡塔尔、澳大利亚、斯里兰卡、挪威、日本、韩国、印度、新西兰、缅甸、柬埔寨、泰国、老挝、越南、马来西亚、印度尼西亚、文莱、菲律宾、新加坡和巴基斯坦。这些正在谈判的自贸区是今后我国签署自贸协定的主要后备力量和重要潜力地区，是扩大我国自贸区覆盖区域和提高外贸、投资及对外经济合作水平的主要地带，将为我国经济增长提供良好的自贸区环境和基础。

特别指出，尽管中韩自贸协定和中澳自贸协定均在 2015 年 6 月正式签署，在 2015 年 12 月正式生效，生效时间相对比较短，因此和正在谈判的 7 个自贸区一样，这两个自贸区对我国经济增长的影响也尚未充分发挥，因此将中韩自贸区和中澳自贸区放在本章进行分析。

先对已签署协定的中韩自贸区及中澳自贸区和正在谈判的 7 个自贸区共 9 个自贸区的谈判概况、谈判展望，以及对我经济增长的影响进行简要分析,再借助 GTAP 模型对正在谈判的自贸区达成后会驱动我国经济增长的具体情况进行事前实证模拟。

二、正在谈判的自贸区概述

9个自贸区涉及24个国家,谈判形式多样,有双边、三边和多边自贸协定,而且正在谈判的自贸区伙伴的经济水平、意识形态、贸易往来密切程度,以及与我国的政治关系都不相同,因此谈判概况及谈判前景也不尽相同。故本部分先对这些正在谈判的自贸区的谈判情况进行介绍,之后对谈判前景进行展望,最后对这些自贸区对我国经济增长的影响关系进行分析。

(一)谈判概况

首先根据9个自贸区的不同特点,将它们分为与亚太经济体进行谈判的双边或三边自贸区(包括中韩自贸区、中澳自贸区、中日韩自贸区和CAFTA升级版)、正在谈判的规模最大的自贸区(包括RCEP)、与经贸小国进行谈判的自贸区(包括中国—斯里兰卡自贸区和中国—巴基斯坦自贸区的第二阶段谈判),以及谈判陷入中止或停滞状态的自贸区(包括中国—挪威自贸区和中国—海湾合作委员会自贸区)四组类型进行谈判概况分析。

1. 与亚太经济体的双边或三边自贸区

中韩自贸区、中澳自贸区、中日韩自贸区和CAFTA升级版都是我国极力倡导和推动的亚太地区的自贸区谈判。观察它们的发展历程可以发现这四大自贸区有着不同的谈判发展概况(见表7-1)。

根据表7-1可知,中韩自贸区、中澳自贸区和中日韩自贸区进行正式谈判前的论证工作开始时间很早,几乎在2003年前后就进行了相关学术论证或官产学联合研究。但是只有中澳自贸区启动谈判和进行首轮谈判行动迅速,论证时间很短,中韩自贸区和

表 7-1 四大自贸区谈判概况

变量	中韩自贸区	中澳自贸区	中日韩自贸区	CAFTA 升级版
谈判前的论证阶段	2004—2006年、2007—2010年	2005年年初	2003—2009年、2010—2012年	我国2013年提出打造中国—东盟自贸区升级版
启动谈判时间	2012年5月	2005年4月	2012年11月	2014年8月
首轮谈判时间	2012年5月	2005年5月	2013年3月	2014年9月
谈判进程	2015年6月正式签署了自贸协定	2015年6月正式签署了自贸协定	截至2015年5月,已开展七轮谈判	截至2015年4月,已开展两轮谈判
参与成员	中国、韩国	中国、澳大利亚	中国、日本和韩国	中国、东盟
自贸区伙伴的经济发达程度	发达	发达	发达	欠发达
与我国的政治关系	战略合作伙伴关系	全面战略伙伴关系	中国与日本是战略互惠关系,中日韩三者是伙伴关系	战略伙伴关系

资料来源:根据我国商务部网站和中国自由贸易区服务网提供的资料整理而得。

中日韩自贸区均推迟至 2012 年才宣布启动自贸区谈判，其中中韩自贸区在同年进行了首轮谈判，中日韩自贸区推迟至次年才进行了首轮谈判，两者的论证时间都冗长。CAFTA 升级版是在 CAFTA 建设基础上进行的谈判，概念提出始于 2013 年，在 2014 年就宣布启动谈判并很快进行了首轮谈判。

中韩自贸区已在 2015 年 6 月初正式签署了自贸协定，随后中澳自贸区也在 2015 年 6 月中旬正式签署了自贸协定，但中日韩自贸区和 CAFTA 谈判仍在继续谈判中。除了中日韩自贸区距离结束谈判尚无准确"时间表"外，其余 3 个谈判要么已经签署了协定，要么准备在 2015 年年底结束自贸区谈判。此外，这 4 个自贸区谈判只有中日韩谈判属于三边谈判，自贸区伙伴中只有东盟是经济欠发达的经济体。

比较而言，这 4 个自贸区谈判中，中澳自贸区从 2005 年启动谈判到 2014 年最终结束实质性谈判历程漫长。共经历了 21 轮谈判，耗时 10 年，但最终仍在结束实质性谈判时达成了一些高水平的"21 世纪新议题"。相比较其他 3 个自贸区，CAFTA 升级版具有最坚固的谈判基础。因为 CAFTA 在 2010 年已经正式建成，在 2013 年由我国提出顺应全球自贸区潮流和双方经济贸易建设发展要求，紧跟全球自贸区建设发展步伐来建设 CAFTA 升级版，实现由"黄金十年"到"钻石十年"的跃升，获得了东盟的积极响应。此外，这 4 个自贸区伙伴均与我国保持某种伙伴关系，具有一定的政治互信合作基础。

2. 正在谈判的规模最大的自贸区

我国正在谈判的规模最大的自贸区是 RCEP，其也是亚太地区重要的区域经济一体化组织。RCEP 是由东盟、我国等经济体倡议发起的，以东盟为主导，参与 RCEP 谈判的成员国是东盟"10+6"，即东盟 10 国、中国、日本、韩国、澳大利亚、新西兰及印度。RCEP 是应对全球性金融危机、适应自由化浪潮，以及应对 TPP 挑战的产物。

自 2011 年 RCEP 的概念被首次提出以来，经过较短时间的发展，已经取得了令人瞩目的成绩。集中表现在为组建 RCEP "铺路"的货物贸易工作组，以及服务工作组、投资工作组已经先后正式运转，达成了《RCEP 谈判指导原则和目标》，截至 2015 年 5 月已经进行了七轮谈判，2020 年 RCEP 已签署，但正式生效仍需走完各国国内的批准程序。

3. 与经贸小国进行谈判的自贸区

中国与斯里兰卡自贸区谈判、中国与巴基斯坦的第二阶段自贸区谈判均是我国与欠发达经济体和经贸小国的谈判，同时谈判对方也不是我国的重要贸易伙伴。但斯里兰卡和巴基斯坦都处在我国倡导建设的"一带一路"沿线，因此将是我国今后重点推进建设的自贸区。

中国与斯里兰卡的自贸区谈判始于 2014 年 9 月，2014 年 12 月举行了第二轮谈判，2017 年举行了第五轮谈判，2022 年斯里兰卡政府表示要进一步加快推进与中国的自贸区谈判。中国—巴基斯坦自贸区第二阶段谈判的首轮谈判始于 2011 年 3 月，2017 年 1 月举行了第五轮谈判，2019 年第二阶段谈判结束并签署协定。

4. 谈判陷入中止或停滞状态的自贸区

中国—挪威自贸区谈判启动于 2008 年，但后期由于政治事件影响造成两国关系降至冰点，双方中止自贸区谈判，到目前为止仍未有重新启动谈判的迹象。

中国—海湾合作委员会自贸区谈判目前也处于停滞状态。在 2005 年开启谈判以后，双方谈判呈现出不积极、不密集和谈判缓慢的状态，并且在 2009 年之后停滞。但在 2014 年双方共同表态要加快双方的自贸区谈判，并且我国 2015 年政府工作报告明确提出要推动与海湾合作委员会的自贸区谈判，因此双方可能会短期内展开新一轮谈判，停滞状态或将得到改善。

（二）谈判展望

全球区域经济一体化的第五波发展浪潮和全球经济整体艰难复苏的形势为我国正在谈判的自贸区营造了一定的利好外部环境。除了已签署协定的中韩自贸区和中澳自贸区外，正在谈判的7个自贸区由于谈判进展、政治经济关系，以及我国的"一带一路"倡议实施等多方面因素的影响，有着不尽相同的谈判前景、预期和难易程度。

中日韩自贸区谈判和RCEP谈判具备"地利""天时"的特征，但在"人和"方面相对欠缺。两者的成员国基本地处亚太地区，尤其是集中在东亚地区，地理位置较近，各成员之间相互毗邻，谈判具有"地利"优势。两者正式启动谈判的时间都处在后危机时代的经济"寒冬"大背景下，各自贸区成员的经济增长都面临较大下行压力，均渴望"抱团取暖"、优势互补及扩大市场规模来提振本国经济，这使得这两大谈判符合"天时"的特点。在"人和"方面，由于历史遗留问题、政治因素、岛屿领海，以及经济利益保护等争端，部分主要成员之间纠纷不断，导致谈判断断续续，进展较为缓慢，所以"人和"不足。尽管中日韩自贸区和RCEP谈判"人和"不足，但各方重视程度和积极性高，经济增长的压力也迫使各方经济体加强合作的愿望强烈，因此这两大自贸区的谈判前景依然可期。

CAFTA升级版是在已经建成并且取得极大成效的CAFTA的基础上推动建设的。目的在于进一步推动贸易自由化和便利化，满足21世纪新型自贸区发展要求，维护双方的经济发展利益。CAFTA升级版达成后会使中国与东盟双边的经济贸易往来"更上一层楼"，预期谈判前景明朗，谈判成功相对容易。

中国—斯里兰卡自贸区谈判、中国—巴基斯坦第二阶段自贸区谈判，以及中国—海湾合作委员会自贸区谈判的对象都处在我国大力倡导建设的"一带一路"沿线，而且这3个自贸区伙伴都是"一带一路"沿线的重要节点经济体。由于"一带一路"是继我国"以周边经济体的自贸区谈判为主"的自贸区工作重点之后最主要的自贸区发展路线，是今后我国自贸区发展的主要方向，因此这3个自贸区谈判势必会受到我国的大力推动。同时这3个自贸区伙伴都在积极响应我国的自贸区建设倡议，加之中国—巴基斯坦自贸区进行的是第二阶段谈判，拥有良好的谈判基础，并且在2019年已结束谈判并签署了协定，其余两个自贸区的谈判前景也比较乐观。

中国与挪威的自贸区谈判受政治因素影响大，是所有7个正在谈判的自贸区中前景最不明朗的，但在2021年双方均承诺将致力于尽早完成谈判。

综上所述，对于正在谈判的7个自贸区的谈判前景，除了中国—挪威自贸区外，其余6个自贸区谈判都被看好。尽管这6个自贸区谈判过程会曲折不一，谈判前景近期内也不一致，但最终都会达成协议的结果预计是一样的，其中，中日韩自贸区由于"人和"不足，故在短期内完成谈判难度较大。由此可见，稳定和良好的政治关系是自贸区谈判能够顺利推进的基本保障，因为推动自贸区谈判需要有强大和稳定的政治推动力。

三、GTAP 模拟研究

纵观中韩自贸区、中澳自贸区和7个我国正在谈判的自贸区，符合建设影响力大、关注度高、是我国重要贸易伙伴、谈判进展比较顺利、具有良好发展前景，以及"以周边自贸区谈判为主"原则的自贸区谈判是中韩自贸区、中澳自贸区、CAFTA升级版、中日韩自贸区和RCEP，下面的实证研究将以这5个自贸区为例进行研究。其他正在进行谈判的4个自贸区，由于有的已经处于谈判停滞阶段，长时间无最新进展，或者有的与我国的贸易、投资总额较小，不是我国的重要贸易、投资伙伴等原因，故没有作为本章的实证研究对象，但这不会对研究结论有实质性影响。

下面就以 CAFTA 升级版、中韩自贸区、中日韩自贸区、RCEP 和中澳自贸区为代表进行 GATP 实证研究，通过实证模拟事前估计我国正处在谈判过程中的自贸区达成后，对我国经济增长的驱动情况。

（一）GTAP 模型介绍

GTAP 是由 Purdue University 推出的一种多区域、多部门的可计算一般均衡模型（Computable General Equilibrium，CGE），主要功能是分析经济贸易一体化的效果及影响，是一种对经济贸易政策影响与效果进行事前评估和预测的贸易模型，而且 GTAP 模型是事前估计经济效应的主要模型。通过 GTAP 模拟得出的结论有助于决策者做出正确判断。

借助 Hertel（1997）和张彬（2010）的阐述对 GTAP 模型进行介绍。GTAP 模型分析的是不同经济体之间的 CGE 模型，并且是基于新古典经济学框架的比较静态分析。其假设前提是市场完全竞争和规模报酬不变，产品的生产采用嵌套的固定替代弹性（Constant Elasticity Substitute，CES）生产函数，数学表达式如式（7-1）。

$$X = [\alpha_L L^\rho + \alpha_K K^\rho]^{\frac{1}{\rho}} \qquad (7-1)$$

式（7-1）中，X 为产品，L、K 为两种投入品，ρ 为待估参数。式（7-1）表明最终产品 X 是由不同的投入品 L、K 经过多层次复合生成。

政府、厂商和消费者都最优化其行为，政府的效应方程采用 Cobb-Dauglas 生产函数来表示，公式如下：

$$U = AX^\alpha Y^\beta \qquad (7-2)$$

第七章 我国正在谈判的自贸区驱动经济增长实证模拟

式（7-2）为效用函数，U 表示效用大小，X、Y 表示两种产品。A、α 和 β 为 3 个参数，A 为技术参数；α+β=1，表示规模报酬不变。

私人部门的效用函数采用固定差异弹性方程形式，以达到产品市场和要素市场均为市场出清状态。生产要素分为土地、劳动力和资本，土地限定于农业部门使用，劳动力和资本可在不同部门间流动；土地和劳动力只能在本国流动，资本和中间投入品可以跨国流动。税收和禀赋收入通过本地账户按比例分配给私人消费、存款和政府消费。当一国经济模型构建完成，在其中加入国际贸易的商品和资金流动，从而形成多国经济 CGE 模型。此时，增加了国际商品流动，从而使进口品与国内产品存在着替代关系，采用阿明顿假设进行产品复合，仍旧采用固定替代弹性表示：

$$X = [\alpha_L X_{IM}^\rho + \alpha_K X_{EX}^\rho]^{\frac{1}{\rho}} \tag{7-3}$$

在式（7-3）中，X_{IM}、X_{EX} 分别表示进口 X 产品、出口 X 产品。

此外，不同经济体间的进出口存在相应的关税（出口关税如果为负，即为补贴）和运费，即：

$$P^{FOB} = P^{EX}(1 + T^{EX}) \tag{7-4}$$

$$P^{CIF} = P^{FOB}(1 + F) \tag{7-5}$$

$$P^{IM} = P^{CIF}(1 + T^{IM}) \tag{7-6}$$

在式（7-4）、式（7-5）和式（7-6）中，P^{FOB} 代表离岸价格，P^{CIF} 代表到岸价格，P^{EX} 表示出口商品国内价格，P^{IM} 表示进口商品国内价格，T^{EX} 代表出口关税或补贴，T^{IM} 代表进口关税或补贴，F 代表运费。

GTAP 模型包括全球银行账户和国际运输部门两个国际部门，各个经济体的储蓄汇总到全球银行账户，并根据资本的回报率在各个经济体间分配，世界运输部门可以平衡到岸价和离岸价之间的差异,并通过双边贸易将全球各经济体联系起来。

在实际模拟操作过程中,GTAP 模型主要通过 GTAPAgg 软件将数据库中包含的众多经济体和行业部门依据研究需要分别进行规整分类,并在设定合理的模拟情景的基础上,运用 RunGTAP 软件进行经济贸易政策的影响及效果模拟。

(二) GTAP 模拟工具及主要衡量指标

1. 模拟工具、整合工具及使用的数据库

采用 Purdue 大学研发的 8.01 版数据库,所有数据均以 2007 年为基期。覆盖 134 个国家/地区和 57 个产业部门。使用的模拟分析工具为 RunGTAP3.61,用 GTAPAgg(2007) 软件对部门、产业进行整合,采用标准的闭合法则,求解方法为 Gragg2-4-6 外推法,以提高模拟精度。

2. 主要衡量指标介绍

GTAP 实证模拟涉及的衡量指标主要有以下 6 个。

贸易余额:指 r 地区的对外贸易顺差或逆差,以百万美元计算。

贸易条件:用 r 地区出口价格指数减去 r 地区进口价格指数的结果来表示。

生产资料产出:指 r 地区资本货物部门的产出。

资本存量:指 r 地区的期末资本存量。

GDP 变动:用 GDP 数量指数表示。

福利:用 r 地区的全社会总体收入(等价变量,Equivalent Variation)衡量 r 地区的福利变化,以百万美元计算。

(三) GTAP 模拟设计

1. 经济体分组及产业部门的分组

实证研究前根据研究需要,需利用 GTAPAgg(2007)将数

据库包含的 134 个国家/地区和 57 个产业部门分别进行分组归整。

134 个国家/地区归整为中国、日本、韩国、印度、澳大利亚、新西兰、ASEAN①、NAFTA、EU 和全球其他经济体共十大经济体。

将 57 个产业部门整合为九大产业部门集合，依次是初级农产品、深加工农产品、畜产品、能源矿产、轻工业产品、重工业产品、建筑业、生活能源及服务业。

初级农产品：水稻、麦子、谷类粮食、蔬菜水果及坚果、油料作物、糖料作物、木材、鱼类、其他初级农产品。

深加工农产品：植物纤维、可食用动植物油、乳制品、谷类制品、糖、食品、饮料类及烟草类制品。

畜产品：家畜牛羊马、动物制品、原料奶、羊毛及丝、牛羊马肉、肉制品。

能源矿产：煤、油、天然气、铁金属、其他金属、其他矿物质。

轻工业产品：革制品、木制品、纸制品、服装、其他纺织品。

重工业产品：石油及煤制品、化学及塑胶制品、矿产制品、金属制品、机动车及配件、运输设备、电力设备、机械设备、其他制造业产品。

建筑业：建筑行业。

生活能源：电、煤气及天然气等、水。

服务业：贸易、运输业、海运、航运、通信、金融业、保险业、商业、娱乐业、公共管理/国防/医疗/教育、住房。

根据 GTAPAgg（2007）对数据库分组归整后的十大经济体和九大产业部门，最终形成 10×9 形式的模型。

---

① GTAP 数据库未单独给出文莱、缅甸的数据，被归为其他东南亚经济体，此处的东盟包含其他东南亚经济体的数据。

2. 关税、非关税壁垒的削减幅度

目前采用 GTAP 模型进行研究的国内外文献中，政策冲击变量主要是 RunGTAP 模拟软件中的进口关税壁垒，即主要考虑了对外贸易自由化的经济效应，而忽略了对外贸易便利化（自贸区对非关税壁垒的削减）所带来的经济影响。本部分为使研究更加全面、深入和贴近实际，以进口关税壁垒（TMS）、非关税壁垒［技术性贸易壁垒（AMS）和出口补贴（TXS）］作为政策冲击变量。

需要说明的是，在国际贸易交往中涉及的非关税壁垒类型有很多，其中技术性贸易壁垒和政府出口补贴是两种重要类型。本部分研究坚持在能够说明问题的前提下尽可能使研究简单化的原则，而且考虑 RunGTAP 软件的冲击变量中涉及非关税壁垒的类型有限，因此本部分的 GTAP 实证模拟只考虑了技术性贸易壁垒和政府出口补贴两种非关税壁垒的削减所产生的经济增长效应。

接下来根据五大自贸区各自的谈判进展、谈判目标、谈判难度和合作基础等情况，并坚持在能够说明问题的前提下尽可能使研究简单化的原则，在各个自贸区削减关税壁垒和非关税壁垒方面进行不同幅度的设定。

先分析中韩自贸区和中澳自贸区。由于在 2014 年 11 月中韩自贸区和中澳自贸区分别宣布结束实质性谈判，并且陆续在 2015 年 6 月签署了自贸协定，本部分就基本按照它们谈判的结果对关税、非关税的削减幅度进行估计。根据中韩自贸区的谈判结果，假定中韩相互之间的关税壁垒平均削减幅度为 90%，非关税壁垒（包括技术性贸易壁垒和出口补贴）平均削减幅度都为 30%。中澳自贸协定谈判于 2005 年 4 月启动，是继中韩自贸协定后，我国与亚太地区重要经济体完成的另一个全面、高水平的自贸协定谈判。根据其谈判结果，假定中澳相互之间的关税壁垒平均削减幅度为 100%，即完全取消关税，非关税壁垒（包括技术性贸易壁

第七章 我国正在谈判的自贸区驱动经济增长实证模拟

垒和出口补贴）平均削减幅度为30%。

由于CAFTA在"黄金十年"期间关税壁垒削减幅度很大，因此在"钻石十年"，非关税壁垒的削减成为重点。故假定CAFTA升级版达成后，中国和东盟相互之间的进口关税壁垒平均削减幅度为100%，即完全取消关税，同时非关税壁垒（包括技术性贸易壁垒和出口补贴）平均削减幅度都为20%。

中日韩自贸区谈判由于受到中韩自贸区进展的有利影响，以及可能争取赶在RCEP达成协议之前结束谈判的影响，因此中日韩自贸区谈判前景也相对比较乐观。假设中日韩谈判的关税削减幅度和中韩谈判的关税削减幅度一样，即中日韩自贸区达成后三方相互之间的关税壁垒平均削减幅度为90%。非关税壁垒（包括技术性贸易壁垒和出口补贴）的削减方面，由于三国间都有需要重点保护的敏感部门和行业，因此假定平均削减幅度都为25%。

RCEP旨在将东盟"10+6"共5个自贸区打通，将6个点连成一个RCEP的面，实现由点到面的突破。由于RCEP没有TPP"零关税、无例外"的严格谈判要求，故假设RCEP达成后各成员经济体相互之间的进口关税壁垒平均削减幅度为80%，非关税壁垒（包括技术性贸易壁垒和出口补贴）平均削减幅度都为10%。

3. 模拟情景假设

模拟情景假设的目的是以我国为核心研究对象，考察和验证这些正在谈判的自贸区在签署自贸协定后对我国经济增长的驱动力情况。其中从情景一到情景四或情景四′主要考察随着我国签署的自贸协定数量不断增多，自贸区对我国经济增长的驱动力大小变化情况，属于横向比较（广度层面比较）。情景四与情景四′的区别在于所假定的RCEP达成后的关税和非关税壁垒的削减幅度不同，在情景四，RCEP的贸易自由化和便利化水平都低于中韩自贸区、中澳自贸区、CAFTA升级版和中日韩自贸区达成后的贸易自由化和便利化水平；而在情景四′，RCEP 的贸易自由化和便利化水平都达到或超过中韩自贸区、中澳自贸区、CAFTA 升级版和中日韩自贸区达成后的贸易自由化和便利化水平。设置情景四′主要是为了对比观察情景四，即观察新达成的自贸区的贸易自由化和便利化水平高低对我国经济增长驱动的不同影响。从情景四到情景五再到情景六，这三种情形主要考察在情景四的基础上，随着各个自贸区的贸易自由化和便利化水平不断提高，它们对我国经济增长驱动影响的变动情况，属于纵向比较（深度层面比较）。

具体的情景假设内容如下。

情景一：中韩自贸区和中澳自贸区签署协定达成；CAFTA 升级版、RCEP 和中日韩自贸区谈判陷入僵局未达成。

情景二：中韩自贸区、中澳自贸区和 CAFTA 升级版签署协定达成；① RCEP 和中日韩自贸区谈判陷入僵局未达成。

情景三：中韩自贸区、中澳自贸区、CAFTA 升级版和中日韩自贸区签署协定达成；② RCEP 谈判陷入僵局未达成。

情景四：中韩自贸区、中澳自贸区、CAFTA 升级版、中日

---

① 相对于中日韩自贸区和 RCEP 而言，CAFTA 升级版有 CAFTA 的合作基础，而且有中国—东盟领导人会议、中国—东盟经贸部长会议，以及中国—东盟博览会等多种形式的交流、合作和磨合，双方都迫切需要进一步加强合作，因此谈判难度相对来说是最低的。故本研究假定 CAFTA 升级版达成或协议生效时间比后两者更早。

② 在情景三中，中韩自贸区、中澳自贸区、CAFTA 升级版和中日韩自贸区达成后，在采用 GTAP 进行模拟时，中国既和韩国签署了自贸协定，又在中日韩自贸协定中与韩国签署了协定，韩国对我国也是同样的情况。因此按照以参与的削减幅度最大的自贸协定为主进行模拟的原则，即中国和韩国相互之间按照中韩自贸区达成所假定的关税和非关税削减幅度进行模拟，即关税壁垒都削减 90%，非关税壁垒都削减 30%。中国、韩国分别和日本的模拟按照假定的关税和非关税削减幅度进行模拟，即中日韩自贸区达成后关税削减 90%、非关税壁垒削减 25%。

韩自贸区和 RCEP 都签署协定达成。①

情景四′：在中韩自贸区、中澳自贸区、CAFTA 升级版、中日韩自贸区关税和非关税削减模拟假定不变的前提下，将 RCEP 的进口关税壁垒平均削减幅度增至 100%，非关税壁垒（包括技术性贸易壁垒和出口补贴）平均削减幅度增至 30%。

情景五：在情景四的基础上，各个自贸区的关税壁垒和非关税壁垒均再削减 5%（原关税壁垒削减幅度达到 100% 的，不再削减 5%）。

情景六：在情景五的基础上，各个自贸区的关税壁垒和非关税壁垒均再削减 5%（原关税壁垒削减幅度达到 100% 的，不再削减 5%）。

（四）实证结果

从对外贸易增长效应、经济总量扩大效应和社会福利提高效应三方面展开分析。

1. 对外贸易增长效应

先对自贸区驱动对外贸易增长的模拟结果进行横向比较，即观察从情景一到情景四或情景四′的贸易指标数值变动情况（见表 7-2）。

---

① 在情景四中，对于同一个经济体参与的多个自贸区，亦以参与的削减幅度最大的自贸协定为主进行模拟。中韩自贸区、中澳自贸区、CAFTA 升级版、中日韩自贸区和 RCEP 达成后，由于中国、韩国、澳大利亚、东盟、日本均是 RCEP 的成员，因此在模拟关税和非关税的削减幅度时，仍然按照关税和非关税削减幅度最大的自贸区假定进行模拟。即中国与韩国、澳大利亚、东盟、日本两两之间的关税和非关税减免幅度均按照中韩自贸区、中澳自贸区、CAFTA 升级版、中日韩自贸区的假定来执行，中国与 RCEP 其他经济体（印度和新西兰）之间按照 RCEP 的削减假定执行。同理，韩国与中国、日本之间的模拟分别按照中韩自贸区、中日韩自贸区的假定来执行，韩国与 RCEP 其他经济体之间的模拟按照 RCEP 的假定执行；日本与中国、韩国的模拟按照中日韩自贸区的假定执行，日本与 RCEP 其他经济体之间的模拟按照 RCEP 的假定执行；澳大利亚与中国的模拟按照中澳自贸区的假定，澳大利亚与 RCEP 其他经济体之间的模拟按照 RCEP 的假定执行；东盟与中国的模拟按照 CAFTA 升级版的假定，东盟与 RCEP 其他经济体之间的模拟按照 RCEP 的假定执行。

表 7-2 对外贸易增长效应的 CTAP 模拟结果横向观察

国家及地区	进口总量变动率（%）					出口总量变动率（%）			
	情景一	情景二	情景三	情景四	情景四'	情景一	情景二	情景三	情景四	情景四'
中国	16.23	26.65	36.42	33.93	36.58	13.7	21.17	29.7	28.32	32.04
日本	−3.68	−5.61	24.99	30.59	46.7	−0.62	−1.19	7.69	9.57	14.46
韩国	38.24	33.33	34.59	37.14	41.68	17.12	15.35	17.81	18.74	21.56
印度	−0.98	−1.62	−2.09	11.26	36.02	−0.64	−1.25	−1.1	15.35	43.05
澳大利亚	24.87	22.72	19.56	28.92	44.17	7.56	6.73	6.72	9.51	14.05
新西兰	−4.1	−4.51	−5.91	7.08	29.72	−1.31	−1.54	−1.38	4.37	13.4
ASEAN	−2.34	8.85	5.27	10.11	24.8	−1.01	5.27	3.98	6.62	14.48
NAFTA	−0.93	−1.32	−2.49	−3.01	−4.32	−0.43	−0.8	−0.57	−0.52	−0.43
EU	−0.35	−0.55	−0.84	−1.06	−1.66	−0.13	−0.33	−0.04	−0.02	0
全球其他经济体	−1.43	−1.97	−3.12	−3.79	−5.57	−0.37	−0.63	−0.69	−0.72	−0.81

续表

国家及地区	贸易余额变动量（百万美元）					贸易条件变动率（%）			
	情景一	情景二	情景三	情景四	情景四'	情景一	情景二	情景三	情景四	情景四'
中国	10078	17766	30483	28926	33474	−0.37	0.82	0.94	0.35	−0.62
日本	8985	11707	−76219	−90814	−143522	−1.54	−2.38	4.7	5.79	8.02
韩国	−30647	−28255	−31556	−33418	−38391	9.48	7.72	5.81	6.61	6.64
印度	757	704	2536	−1084	−6642	−0.39	−0.62	−0.79	−1.7	−0.69
澳大利亚	−15166	−14475	−11692	−17030	−26691	8.42	7.6	6.05	9.29	13.84
新西兰	291	292	564	−712	−3062	−1.9	−2.08	−2.82	0.5	6.14
ASEAN	−61	−10489	−9284	−10913	−16480	−0.88	0.84	−0.55	0.51	3.61
NAFTA	14594	15871	48865	62592	99354	−0.35	−0.5	−0.98	−1.19	−1.69
EU	7985	5050	33545	45049	73993	−0.1	−0.16	−0.27	−0.34	−0.48
全球其他经济体	3208	1824	12783	17440	28226	−0.74	−0.97	−1.52	−1.9	−2.91

根据表 7-2，整体观察从情景一到情景四（暂不考虑情景四'），无论是何种情景，自贸区达成后基本会驱动各成员的对外贸易发展。比如在情景一下，中国、韩国和澳大利亚的外贸进出口都呈正向增长；在情景二下，随着 CAFTA 升级版达成，ASEAN 的外贸进出口由情景一下的负向降低扭转为正向增长，其他情景下各自贸区成员的进出口增长情况可以类推。此外，无论在何种情景下，自贸区达成后成员的进口增长速度基本大于出口的增长速度。非成员的外贸增长将受到抑制，即产生外部不经济，比如情景一下的中韩自贸区和中澳自贸区达成后，日本、印度、新西兰、ASEAN、NAFTA、EU 和全球其他经济体的对外贸易增长基本被抑制，当在情景二下在中韩自贸区和中澳自贸区达成的基础上，CAFTA 升级版达成后，ASEAN 的对外贸易增长得到提高，同时由于韩国、澳大利亚不是 CAFTA 的成员，韩国、澳大利亚的外贸增长也出现下滑，日本、印度、新西兰、NAFTA、EU 和全球其他经济体的对外贸易增长则进一步下滑，其他情景下的情况也可类推。在贸易余额变动量方面，自贸区有的成员贸易出现顺差，有的出现逆差。同时，非自贸区成员几乎在任何情景下都出现贸易顺差，但结合非成员出口和进口总量都下滑的情况看，非成员的贸易顺差是建立在出口的减少幅度低于进口的减少幅度基础上的贸易顺差。在贸易条件的变动方面，整体上都表现出各自贸区成员的贸易条件会随着自贸区的达成及自贸区成员的增加而改善，非自贸区成员的贸易条件会因为自贸区的达成出现不同程度的恶化。

重点分析从情景一到情景四，中韩自贸区、中澳自贸区、CAFTA 升级版、中日韩自贸区和 RCEP 达成后对我国产生的贸易增长效应情况。总体上观察，无论在何种情景下，自贸区达成后都将驱动我国对外贸易较快增长，产生积极的贸易增长效应。从进口和出口总量变动率指标来看，随着我国达成的自贸区数量越来越多、自贸区伙伴数量越来越多，我国进口总量增长率和出口总量增长率也越来越大。例如从情景一到情景四，我国进口总量分别提高16.23%、26.65%、36.42%和33.93%，出口总量分别提高13.7%、21.17%、29.7%和28.32%，贸易顺差分别提高10078百万美元、17766百万美元、30483百万美元和28926百万美元，贸易条件的改善程度分别为－0.37%、0.82%、0.94%和0.35%。综上所述，自贸区建设总体上对我国的外贸增长有显著的正向驱动作用，的确有利于我国外贸增长。

但需注意的是，从情景一到情景三，自贸区带给我国各个衡量指标的变动一直是增长状态，在情景四下尽管也是正向增长状态，但相比情景三，情景四下的各个指标都是下降状态。这可能是由于RCEP达成后的关税和非关税壁垒削减幅度偏低，且都低于在情景一、情景二和情景三下中韩自贸区、中澳自贸区、CAFTA升级版和中日韩自贸区关税和非关税壁垒的削减幅度造成的，下面通过情景四′进行验证。根据情景四′，RCEP达成后的关税和非关税壁垒的削减幅度都不低于在情景一、情景二和情景三达成的中韩自贸区、中澳自贸区、CAFTA升级版和中日韩自贸区的关税和非关税壁垒削减幅度。根据情景四′的模拟结果可知，情景四′下我国贸易增长的各项指标几乎都优于情景三下的指标（进口总量增长率36.58%＞36.42%；出口总量增长率32.04%＞29.7%；贸易顺差33474百万美元＞30483百万美元），这就能够说明在已达成的一些自贸区的基础上，以后再达成自贸区的贸易自由化和便利化水平的高低对我国的贸易增长不仅有影响而且影响较大，继续建设更高贸易自由化和便利化水平的自贸区对我国外贸增长的驱动作用更大，反之则反是。

再对自贸区驱动对外贸易增长的情况进行纵向比较（见表7-3）。

表 7-3 对外贸易增长效应的 CTAP 模拟结果纵向观察

国家及地区	进口总量变动率（%）			出口总量变动率（%）			贸易余额变动量（百万美元）			贸易条件变动率（%）		
	情景四	情景五	情景六	情景四	情景五	情景六	情景四	情景五	情景六	情景四	情景五	情景六
中国	33.93	37.45	43.57	28.32	31.66	37.25	28926	32770	40472	0.35	0.11	−0.08
日本	30.59	32.62	39.88	9.57	10.32	12.42	−90814	−98435	−123072	5.79	5.83	6.85
韩国	37.14	45.63	52.42	18.74	22.77	26.23	−33418	−40353	−46150	6.61	8.14	9.07
印度	11.26	15.79	20.52	15.35	20.79	26.61	−1084	−1943	−2559	−1.7	−1.74	−1.82
澳大利亚	28.92	35.94	42.06	9.51	11.34	13.00	−17030	−21566	−25440	9.29	11.58	13.48
新西兰	7.08	11.82	16.33	4.37	6.37	8.32	−712	−1238	−1722	0.5	1.54	2.52
ASEAN	10.11	14.39	17.95	6.62	8.97	11.06	−10913	−13461	−15438	0.51	1.31	1.87
NAFTA	−3.01	−3.46	−4.05	−0.52	−0.61	−0.65	62592	72785	87888	−1.19	−1.36	−1.59
EU	−1.06	−1.26	−1.50	−0.02	−0.06	−0.06	45049	51878	62849	−0.34	−0.38	−0.44
全球其他经济体	−3.79	−4.45	−5.24	−0.72	−0.81	−0.89	17440	19852	23534	−1.9	−2.27	−2.71

第七章 我国正在谈判的自贸区驱动经济增长实证模拟

根据表 7-3，从情景四到情景六，随着我国已经达成自贸区关税和非关税壁垒的不断削减，贸易自由化和便利化水平不断提高，自贸区驱动我国和自贸区伙伴的外贸增长的驱动力也越大。同时，对非成员产生的外部不经济影响也越大，即对非成员的外贸增长带去消极影响。

主要观察三种情景下自贸区对我国外贸增长的驱动情况。从情景四到情景六，我国的进口总量增长率和出口总量增长率一直提高，进口总量增长率从提高 33.93％增加为提高 43.57％，出口总量增长率从提高 28.32％增加为提高 37.25％，同时贸易顺差也从情景四时的提高 28926 百万美元增加为情景五时的提高 32770 百万美元，并一直增长到情景六时的提高 40472 百万美元。但贸易条件不断恶化，贸易条件变动率从 0.35％、0.11％一直下降到－0.08％。即从情景四到情景六，随着贸易自由化和便利化水平不断提高，尽管我国与自贸区伙伴之间的进口和出口价格整体上都是下降趋势，但我国单位出口商品的价格相对于单位进口商品的价格下降速度更快。

此外，比较从情景一到情景六共七种情景（包括情景四′）下各个自贸区达成后对我国及各自贸区伙伴的驱动力大小，可以发现对我国在进口增长率和出口增长率，以及贸易余额增长 3 个指标的驱动力在所有的自贸区成员当中是居于前列的，但对我国在贸易条件改善方面的驱动力较小，仅比印度高一些，明显低于日本、韩国、澳大利亚、新西兰和 ASEAN 的改善程度。

总体来讲，正在谈判的自贸区在达成后对我国对外贸易增长的驱动作用还是很强的。

2. 经济总量扩大效应

先用情景一到情景四或情景四′下的各指标模拟数值横向比较自贸区驱动各成员，尤其是我国经济总量扩大的情况（见表7-4）。

表 7-4　经济总量扩大效应的 CTAP 模拟结果横向观察

国家及地区	生产资料产出变动率（%）				资本存量变动率（%）				GDP 总量指数变动率（%）			
	情景一	情景二	情景三	情景四	情景一	情景二	情景三	情景四	情景一	情景二	情景三	情景四
中国	3.15	4.95	6.67	6.23	6.72	0.48	0.75	1.02	0.95	1.02	2.65	3.82	5.48	5.36	6.33
日本	−1.26	−1.71	9.41	11.19	17.4	−0.08	−0.11	0.59	0.7	1.09	−0.03	−0.05	1.32	1.63	2.78
韩国	18.89	17.24	19.44	20.88	24.31	1.71	1.56	1.76	1.89	2.2	4.76	4.53	6.19	6.96	9.1
印度	−0.22	−0.25	−0.6	2.25	8.56	−0.03	−0.04	−0.09	0.32	1.23	−0.09	−0.14	−0.17	1.67	5.52
澳大利亚	9.74	9.29	7.85	11.34	17.78	0.95	0.9	0.76	1.1	1.73	2.07	2.01	1.87	2.65	4.57
新西兰	−1.44	−1.49	−2.67	4.11	17.06	−0.12	−0.13	−0.23	0.35	1.44	−0.04	−0.04	−0.11	1.51	5.13
ASEAN	1.38	8.64	5.86	10.47	25.93	−0.12	0.73	0.49	0.88	2.18	−0.1	2.4	2.21	3.76	9.26
NAFTA	−0.29	−0.28	−1.12	−1.46	−2.33	−0.02	−0.02	−0.09	−0.12	−0.19	−0.01	−0.03	−0.03	−0.04	−0.05
EU	−0.22	−0.15	−0.93	−1.25	−2.06	−0.02	−0.01	−0.07	−0.09	−0.15	−0.02	−0.03	−0.04	−0.05	−0.08
全球其他经济体	−0.62	−0.69	−1.68	−2.13	−3.32	−0.05	−0.06	−0.14	−0.18	−0.28	−0.05	−0.06	−0.1	−0.11	−0.14

第七章 我国正在谈判的自贸区驱动经济增长实证模拟

由表 7-4 可知，总体上观察，无论在何种情景下，任意一个自贸区达成后对各成员的生产资料变动率、资本存量变动率和 GDP 总量指数变动率都会产生积极影响，表明自贸区达成后会给各成员带来正向驱动作用。而非自贸区成员的 3 项衡量指标都是负数（NAFTA、EU 及全球其他经济体等任意一个非自贸区成员的 3 项指标的数值都是负数且越来越小）或者增长率会下降（比如在情景二中 CAFTA 达成后，非 CAFTA 成员的韩国的 3 项指标数值都比情景一有所降低），表明自贸区达成后将对非成员产生外部不经济。此外，从情景一到情景四，随着自贸区成员数目的增多，各自贸区成员的 3 项衡量指标的数值也呈逐步增大趋势。比如，在情景一、情景三和情景四已达成的自贸区都涉及韩国达成的自贸区，韩国的自贸区伙伴也从中国扩大到中国、日本，再扩大到中国、日本、澳大利亚、新西兰、印度和 ASEAN。此时，韩国的 3 个指标从情景一、情景三到情景四都是不断增大的，生产资料产出会提高 18.89%、19.44%并一直到 20.88%；资本存量会提高 1.71%、1.76%并一直到 1.89%；GDP 总量指数会提高 4.76%、6.19%并一直到 6.96%，其他各自贸区成员的经济总量扩大的 3 个衡量指标情况可以照此类推。

重点分析自贸区达成对我国经济总量扩大的驱动情况。从情景一到情景四，自贸区对我国经济总量扩大的驱动作用非常明显，3 项指标数值都基本呈现正向增长趋势。具体来讲，从情景一到情景四，生产资料产出变动率依次为 3.15%、4.95%、6.67%和 6.23%；资本存量变动率依次为 0.48%、0.75%、1.02%和 0.95%，GDP 总量指数变动率依次为 2.65%、3.82%、5.48%和 5.36%。从情景三到情景四，3 项衡量指标数值都有降低趋势，但在情景四′，衡量我国经济总量扩大的 3 项指标数值分别为 6.72%、1.02%和 6.33%，都高于或等于情景三的数值，即延续了从情景一到情景三的增长趋势。而情景四与情景四′的区别在于所假定的 RCEP 的关税和非关税壁垒削减程度不同，后者贸易自由化和便利化水平更高，并且高于或不低于在情景一、二、三已经达成的各自贸区的水平，而情景四低于在情景一、二、三已经达成的自贸区的水平。由此可以推断，在既有自贸区的基础上，继续达成比现有自贸区自由化和便利化水平更高的自贸区对我国经济总量扩大的驱动力更大。

总之，在任意一种情景下达成自贸区都对我国的经济增长带来积极的驱动作用。

再对自贸区驱动经济总量扩大效应进行纵向比较（见表 7-5）。

表 7-5　经济总量扩大效应的 CTAP 模拟结果纵向观察

国家及地区	生产资料产出变动率（%）			资本存量变动率（%）			GDP 总量指数变动率（%）		
	情景四	情景五	情景六	情景四	情景五	情景六	情景四	情景五	情景六
中　国	6.23	6.95	8.18	0.95	1.06	1.25	5.36	6.12	7.37
日　本	11.19	12.12	15.02	0.70	0.76	0.94	1.63	1.85	2.36
韩　国	20.88	25.40	29.16	1.89	2.29	2.63	6.96	8.63	10.24
印　度	2.25	3.44	4.67	0.32	0.50	0.67	1.67	2.45	3.32
澳大利亚	11.34	14.33	16.97	1.10	1.40	1.65	2.65	3.46	4.26
新西兰	4.11	6.99	9.76	0.35	0.59	0.82	1.51	2.34	3.20
ASEAN	10.47	15.09	19.28	0.88	1.27	1.62	3.76	5.38	7.03
NAFTA	−1.46	−1.68	−2.03	−0.12	−0.14	−0.16	−0.04	−0.04	−0.05
EU	−1.25	−1.44	−1.75	−0.09	−0.10	−0.13	−0.05	−0.06	−0.07
全球其他经济体	−2.13	−2.48	−2.98	−0.18	−0.21	−0.25	−0.11	−0.12	−0.14

根据表 7-5，从情景四到情景六，随着已达成的各自贸区继续提高贸易自由化和便利化水平，各个自贸区成员的 3 个衡量指

标都呈正向持续增长趋势，表明继续提高自贸区的贸易自由化和便利化水平能够不断促进各自贸区成员经济总量的扩大。同时，对非成员的外部不经济效应也在持续增强，以对 EU 的消极影响为例，从情景四到情景六，EU 的生产资料产出不断下降，下降幅度从 -1.25%、-1.44% 到 -1.75%；资本存量下降幅度从 -0.09%、-0.10% 到 -0.13%；GDP 总量指数也是一直减小，下降幅度从 -0.05%、-0.06% 到 -0.07%。

从情景四到情景六，自贸区对我国的经济总量扩大效应持续显著，衡量指标数值一直在扩大，其中，生产资料增长率从 6.23% 增长到 6.95% 再增长到 8.18%，资本存量增长率从 0.95% 增长到 1.06% 再增长到 1.25%，GDP 总量指数变动率从 5.36% 提高到 6.12% 再提高到 7.37%。因此，不同贸易自由化和便利化水平的自贸区达成后对我国经济总量扩大的正向驱动作用也不一样。一般情况下，自由化和便利化水平越高的自贸区对经济总量的扩大越有利，两者正相关。换句话讲，一些自贸区在达成后再继续推动削减关税和非关税壁垒，会继续提高它们对我国经济总量扩大的驱动力。

此外，情景一到情景六共七种情景（包括情景四′）下达成的各自贸区对我国经济总量扩大的驱动作用与对自贸区其他成员经济总量扩大的驱动作用相比，在生产资料产出增长率方面，总体上对我国的驱动作用只大于对印度和新西兰的驱动作用，比其他自贸区伙伴低，处于中下游水平；对我国资本存量增长率的驱动作用处于中等水平，总体上低于韩国、澳大利亚和 ASEAN，优于日本、印度和新西兰；对 GDP 总量指数提高的驱动作用总体上低于韩国，优于其他自贸区伙伴。总体来讲，自贸区建设对我国经济总量扩大的驱动作用处于中等水平。

3. 社会福利提高效应

先通过情景一到情景四或情景四′下社会福利变动量指标的变

动情况对自贸区驱动社会福利提高效应进行横向比较（见表7-6）。

表7-6 社会福利提高效应的CTAP模拟结果横向观察

国家及地区	社会福利变动量（百万美元）				
	情景一	情景二	情景三	情景四	情景四′
中 国	90247	145679	207275	196253	218749
日 本	−12041	−18411	93970	116606	186273
韩 国	91023	80955	90813	102568	125621
印 度	−2023	−3241	−3933	15094	63796
澳大利亚	32760	30783	26910	39590	64760
新西兰	−684	−750	−1082	2295	9369
ASEAN	−7945	39835	26498	56429	157464
NAFTA	−11268	−15976	−30587	−36895	−52858
EU	−8678	−13635	−21373	−26320	−38997
全球其他经济体	−27482	−35682	−56055	−68812	−104817

通过表7-6中的数据可以发现，从情景一到情景四的四种情景下，自贸区达成对各成员产生的社会福利提高效应，与相同的四种情景下带来的对外贸易增长效应和经济总量扩大效应，在结论方面基本一致，即在这四种情景下达成自贸区的各成员的自身社会福利水平都会提高，各成员的全社会总体收入都会增加，而且从情景一到情景四，各自贸区成员的福利增量基本呈上升趋势。但对于非自贸区成员的社会福利依然产生消极影响，比如在情景一和情景二，日本均不是中韩自贸区、中澳自贸区和CAFTA升级版的成员，因此由于其他自贸区达成对其社会福利产生负向影响，社会福利减少12041百万美元和18411百万美元，这表明达成自贸区会给非自贸区成员带去外部不经济，降低它们的社会福利水平。而在情景三和情景四，日本是中日韩自贸区和

RCEP 的成员，因此其社会福利会提高 93970 百万美元和 116606 百万美元。还有对于 NAFTA、EU 及全球其他经济体在从情景一到情景四下都属于非自贸区成员的经济体，它们的社会福利水平则一直处于下降状态，而且自贸区达成数量越多、自贸区成员数量越多，对它们的消极影响就越大，比如 EU 的社会福利从减少 8678 百万美元、13635 百万美元、21373 百万美元一直到减少 26320 百万美元。

重点分析从情景一到情景四自贸区对我国社会福利提高的驱动作用情况。根据表 7-6 可以发现，与我国达成自贸区的经济体数量越多带给我国的社会福利提高幅度也越大，即全社会总体收入会不断提高。从情景一到情景四，我国的社会福利提高幅度分别为 90247 百万美元、145679 百万美元、207275 百万美元和 196253 百万美元。但同前面分析的对外贸易增长效应和经济总量扩大效应出现的相同情况是从情景一到情景三，社会福利水平呈递增态势，但从情景三到情景四，社会福利水平出现下降。假定有情景四′，在情景四′下，社会福利水平会提高 218749 百万美元，高于情景三下的 207275 百万美元，这说明我国新签署的自贸协定的贸易自由化和便利化水平若低于之前签署的自贸协定水平，尽管也会提高我国的社会福利水平，但提高幅度会降低；反之，若新签署的自贸协定的贸易自由化和便利化水平不低于之前签署的自贸协定水平，则会进一步提高我国的社会福利水平。

再对自贸区驱动社会福利提高效应进行纵向比较（见表 7-7）。

表 7-7　社会福利提高效应的 CTAP 模拟结果纵向观察

国家及地区	社会福利变动量（百万美元）		
	情景四	情景五	情景六
中　国	196253	220438	262460

续表

国家及地区	社会福利变动量（百万美元）		
	情景四	情景五	情景六
日　本	116606	126838	157719
韩　国	102568	127651	149576
印　度	15094	24177	33761
澳大利亚	39590	50883	61392
新西兰	2295	3821	5364
ASEAN	56429	85072	112364
NAFTA	−36895	−42360	−49493
EU	−26320	−30535	−35582
全球其他经济体	−68812	−82180	−98323

整体上看，与对外贸易增长效应和经济总量扩大效应一样，达成自贸区的自由化和便利化水平越高，其对各自贸区成员社会福利水平提高的驱动作用就越大，或者说在自贸区达成后再继续削减已达成自贸区的关税和非关税壁垒，还会进一步提高各成员社会福利水平的增幅。同时非成员（NAFTA、EU 和全球其他经济体等）的社会福利水平下降幅度会越来越大。

从情景四到情景六，我国的社会福利水平的增幅一直提高，从增长 196253 百万美元、220438 百万美元到增长 262460 百万美元。可见自贸区达成不仅会提高我国的社会福利水平，而且福利水平还会随着自贸区关税和非关税壁垒削减力度的加大而不断提高。此外，在情景一到情景六共七种情景（包括情景四'）下比较各自贸区对各成员社会福利水平提高的驱动力大小可知，总体上对我国的驱动力是最大的（除在情景一中低于对韩国的驱动力），高于对各自贸区伙伴的驱动力（见表 7-8）。

第七章 我国正在谈判的自贸区驱动经济增长实证模拟

表 7-8 七种模拟情景状态下自贸区对我国经济增长影响的汇总比较

	衡量指标	情景一	情景二	情景三	情景四	情景四'	情景五	情景六
对外贸易增长效应	进口总量变动率（%）	16.23	26.65	36.42	33.93	36.58	37.45	43.57
	出口总量变动率（%）	13.7	21.17	29.7	28.32	32.04	31.66	37.25
	贸易余额变动量（百万美元）	10078	17766	30483	28926	33474	32770	40472
	贸易条件变动率（%）	−0.37	0.82	0.94	0.35	−0.62	0.11	−0.08
经济总量扩大效应	生产资料产出变动率（%）	3.15	4.95	6.67	6.23	6.72	6.95	8.18
	资本存量变动率（%）	0.48	0.75	1.02	0.95	1.02	1.06	1.25
	GDP总量指数变动率（%）	2.65	3.82	5.48	5.36	6.33	6.12	7.37
社会福利提高效应	社会福利变动量（百万美元）	90247	145679	207275	196253	218749	220438	262460

根据表7-8，总体上看，所有衡量经济增长的三大效应共8个指标都表明，正在谈判的自贸区在达成后，将会通过驱动对外贸易增长、经济总量扩大和社会福利水平的提高，进而驱动我国经济增长。

具体来看，在对外贸易增长效应方面，从情景一到情景四（或情景四'）的横向观察和比较中，随着我国签署的自贸协定数量的增多，自贸区对我国对外贸易增长的驱动力也逐渐增大。其中，进口总量增长率将从16.23%提高到33.93%（或36.58%）。同时，情景四和情景四'模拟结果的不同表明新达成的自贸区自由化和便利化水平越高，对我国外贸增长的驱动力也越大。从情景四到情景六（不含情景四'）的纵向观察可知，在既有自贸区基础上继续深化合作，不断提高它们的贸易自由化和便利化水平，进口总量增长率将从36.58%提高到43.57%。从情景一到情景四（或情景四'），再到情景六，出口总量增长率和贸易余额的横向观察和纵向观察结果变动方向与进口总量基本是一致的。从情景一到情景四（或情景四'），再从情景四到情景六，贸易条件的变动有可能恶化，也有可能改善，没有规律可循，与建立的自贸区的数量及自贸区的自由化、便利化水平不呈正向关系或负向关系。

在经济总量扩大效应方面，从情景一到情景四（或情景四'）的横向观察和比较中，随着我国签署的自贸协定数量的增多，自贸区对经济总量扩大的驱动力也逐渐增大。生产资料产出、资本存量和GDP总量指数的增长率分别将从3.15%提高到6.23%（或6.72%）、从0.48%提高到0.95%（或1.02%），以及从2.65%提高到5.36%（或6.33%），同时，情景四和情景四'模拟结果的不同也表明新达成的自贸区自由化和便利化水平越高，对我国经济总量扩大的驱动力也越大；从情景四到情景六（不含情景四'）的纵向观察可知，在既有自贸区基础上继续深化合作，不断提高贸易自由化和便利化水平，自贸区对经济总量扩大的驱动力也逐渐增大，生产资料产出、资本存量和GDP总量指数的变动率分别将从6.23%提高到8.18%、从0.95%提高到1.25%，以及从5.36%提高到7.37%。

在社会福利提高效应方面，从情景一到情景四（或情景四′）的横向观察和比较中，随着我国自贸区达成数量的增多，自贸区对社会福利提高的驱动力逐渐增大，从90247百万美元提高到196253百万美元（或218749百万美元）。同时，与对外贸易增长效应和经济总量扩大效应相同，情景四′的模拟结果高于情景四，表明新达成的自贸区自由化和便利化水平越高，对我国社会福利提高的驱动力也越大。从情景四到情景六（不含情景四′）的纵向观察可知，在既有自贸区基础上继续深化合作，不断提高贸易自由化和便利化水平，自贸区对社会福利提高的驱动力逐渐增大，从196253百万美元提高到262460百万美元。

四、实证总结

总体来讲，无论在何种情景下，自贸区达成整体上都会驱动我国经济增长，同时也会驱动各自贸区成员的经济增长。但对非成员的经济增长产生外部不经济，带去消极影响。

不论在何种情景下，在对外贸易增长效应方面，进口总量和出口总量都将有较显著的增长，尽管进口总量的增长幅度一直高于出口总量的增长幅度，但我国的对外贸易仍然一直保持贸易顺差状态。在经济总量扩大效应方面，生产资料产出、资本存量和GDP总量指数都有不同程度的扩大。在社会福利提高效应方面，社会福利也都会提高。

正在谈判的自贸区达成的数量越多、打造的自贸区市场总规模越大对我国经济增长的驱动作用越大，我国经济获得的对外贸易增长效应、经济总量扩大效应和社会福利提高效应也越明显。

自贸区关税和非关税壁垒削减幅度的大小直接影响自贸区自

由化和便利化水平的高低，从而对我国经济增长产生或大或小的驱动作用。具体表现在两方面：首先是在已经达成自贸区的基础上，再建设的新自贸区的自由化和便利化水平越高，对我国经济增长的驱动作用越大；其次是继续提高已经达成的各个自贸区的贸易自由化和便利化水平，更有利于驱动我国的经济增长。

此外，正在谈判的自贸区达成后对我国的对外贸易条件有可能带来不利影响，导致贸易条件恶化，但贸易条件改善或恶化与达成的自贸区自由化和便利化水平的高低无正向关系或负向关系。各个自贸区达成后对各自贸区成员经济增长的驱动力大小不尽相同，对我国经济增长的驱动力并不是最大的，尽管整体上处于中上游水平，但有时会低于同一自贸区中的其他成员。

对非成员经济增长会产生外部不经济，抑制非成员的贸易发展、经济增长和福利水平的提高。非成员包括从未与我国签署自贸协定的经济体和与我国签署了某个自贸协定但不是我国签署的另一个自贸协定的成员两类。

五、本章小结

本章先对签署自贸协定不久的中韩自贸区、中澳自贸区和我国正在谈判的7个自贸区从谈判概况、谈判前景展望和对我国经济增长的重要影响三方面进行概述，发现这9个自贸区谈判历程曲折不一，谈判过程难易有别，谈判基础有很大区别，谈判状态也多样化，有的谈判比较顺利，有的谈判比较艰难且时断时续，还有的已经谈判停滞或中止，而且谈判重启或重启时间仍遥遥无期。但纵观正在谈判的7个自贸区，除了中国—挪威自贸区谈判前景尚不明朗外，其他6个自贸区的谈判前景都乐观或比较乐观，有望中短期内最终达成自贸区，特别是在"一带一路"倡议下，"一带一路"沿线正在谈判的自贸区都将会得到我国的大力推动。此外，与我国正在进行自贸区谈判的各经济体由于与我国经贸往

第七章 我国正在谈判的自贸区驱动经济增长实证模拟

来的密切程度不同,因此对我国的经济增长影响程度不同。

其次选取 9 个自贸区中最具代表性的中韩国自贸区、中澳自贸区、中日韩自贸区、CAFTA 升级版及 RCEP 共 5 个自贸区进行 GTAP 事前实证模拟,并且在自贸区的贸易自由化和便利化水平设定方面,同时考虑了关税和非关税壁垒的削减,非关税壁垒的削减也同时考虑了技术性贸易壁垒和出口补贴两个因素。研究结果显示,正在谈判的自贸区达成后的确对我国在对外贸易、经济总量和社会福利水平三方面存在较强的驱动作用,进而会通过对外贸易增长效应、经济总量扩大效应和社会福利水平提高效应驱动我国经济增长。而且自贸区达成数量、关税和非关税壁垒的削减幅度与我国经济增长的驱动力呈正相关。正在谈判的自贸区达成后对我国贸易条件的影响不确定,而且与它们带给其他自贸区成员经济增长的驱动力相比,它们带给我国的驱动力处于中上游水平。

第八章　我国正在研究的自贸区驱动经济增长实证模拟

一、引言

根据我国商务部和中国自由贸易区服务网公布的相关自贸区资料，我国正在研究中的自贸区可以按照研究进度归为三大类：第一类是已经结束联合可行性研究但尚未正式启动谈判的自贸区，这类自贸区包括中国—印度（以下简称中印）自贸区和中国—以色列（以下简称中以）自贸区；第二类是处于正在进行可行性研究阶段的自贸区，如中国—哥伦比亚（以下简称中哥）自贸区等；第三类就是力求开展可行性研究的自贸区，这类自贸区主要包括已经在北京 APEC 会议通过路线图并力求开展可行性研究的 FTAAP。

通过分析以上处于不同研究阶段的自贸区可知，我国的自贸区伙伴以发展中经济体为主，已经有实质行动的与发达经济体进行合作的自贸区是中以自贸区。此外，目前已引起国内外瞩目和热议的是，由我国提出和引领建设的"一带一路"，实际上是一个自贸区群网络，即"一带一路"是由一连串自贸区等构成的，而并非指一个自贸区。① 在第七章涉及的正在谈判的中国—海湾合作委员会自贸区、中国—斯里兰卡自贸区和中国—巴

---

① 当然，远期来看也有可能组成一个"一带一路"自贸区，就类似于六个东盟"10+1"自贸区现在要建设 RCEP 一样。

基斯坦自贸区第二阶段谈判等,以及中印自贸区、中国—马尔代夫自贸区和中国—格鲁吉亚自贸区等都属于"一带一路"的重要组成部分,目前我国同"一带一路"沿线经济体商建自贸区的步伐正在加快。

为便于分析,本章也采用选取代表性自贸区进行研究的方法,即从我国正在研究的三大类自贸区中分别选取一个具有代表性的自贸区进行研究。具体是从已经完成联合可行性研究的自贸区中选取中印自贸区,从正在进行可行性研究的自贸区中选取中哥自贸区,以及从力求开展可行性研究的自贸区中选取 FTAAP 作为研究对象。下面的研究将围绕这 3 个自贸区展开。

二、正在研究的自贸区简述

我们从正在研究的自贸区的谈判简况和展望及对我国经济增长的影响方面,分析选为研究对象的中印自贸区、中哥自贸区和 FTAAP 的具体情况。我国参与的这 3 个正在研究的自贸区的谈判进展和阶段不同,在谈判的情况及前景展望方面也各有千秋。

(一) 已完成联合可行性研究的代表性自贸区:中国—印度自贸区

中印自贸区可行性研究始于 2005 年,2006 年进行了首轮可行性研究工作组会议,2007 年就如期完成了联合研究报告,研究报告进展迅速。但在完成联合可行性研究之后,中印自贸区谈判始终未进入正式谈判阶段。根据中国自由贸易区服务网公布的信息分析,中印自贸区谈判一直未有最新进展,没有宣布启动自贸区的谈判工作,表明双方谈判已经陷入停滞状态,而且重启谈判尚无明确时间表。

中印自贸区陷入停滞既有中印之间存在政治纠纷、领土争端等外部非经济因素的干扰,也可能有印度对参与自由化微持消极反对态度和其自由化目标设定较低的原因。这具体表现在由于印度政府的反对曾使2014年WTO力推的《贸易便利化协定》谈判进展受挫。还有在RCEP谈判中，也由于印度较低的自由化目标要求，使得RCEP谈判分歧较大，并且在2020年印度正式放弃签署RCEP。但随着我国"一带一路"倡议的推行，印度作为丝绸之路经济带和21世纪海上丝绸之路的节点和枢纽国家，是我国通往西亚、欧洲和非洲的重要桥梁，因此我国肯定会加大推动力度，尽快推动中印自贸区谈判发展。

（二）正在进行可行性研究的代表性自贸区：中国—哥伦比亚自贸区

2012年5月，我国和哥伦比亚正式启动两国自贸区联合可行性研究，目前仍处于研究阶段，双方正在积极推动可行性研究工作。我国与哥伦比亚准备进行的自贸区谈判，是继智利、秘鲁和哥斯达黎加之后我国与拉美经济体进行的第四个自贸区谈判研究。尽管历时3年仍未结束可行性研究工作，研究进度相对较慢，但中哥双方态度积极，并且在2015年5月，李克强同志访问哥伦比亚期间，中哥双方又重申要推进自贸区可行性研究工作，随着中国在2021年成为哥伦比亚的第一大进口来源国和第二大贸易伙伴，两国推动自贸区谈判的动力会进一步增强。

（三）力求开展可行性研究的代表性自贸区：FTAAP

FTAAP是APEC长期建设的远景目标，前者是具有制度性和约束性的区域经济一体化组织，而后者是非约束性质的论坛性的国际合作组织。FTAAP设想在1994年APEC提出的"茂物目标"（力求发达经济体和欠发达经济体成员分期实现货物贸易和投资贸易自由化）中已显露端倪。FTAAP被正式提出始于2004年（盛斌，2007），当年APEC工商咨询理事会提交了名为《亚太自由贸易区方案的初步评估：为ABAC准备的一份文件》的报告，FTAAP由此正式横空出世。尽管当时美国的态度积极，支持并力求积极推进FTAAP的建设，但那时我国对推动建设FTAAP的态度并不积极，APEC成员间的分歧也较大，因此FTAAP并没有列入当年的APEC峰会讨论议程。直到在2007年和2008年APEC峰会上各成员关于建设FTAAP的意见开始接近，我国也表示愿意对FTAAP展开相关研究。之后在2014年的北京APEC峰会上，FTAAP建设受到APEC与会各方的推动，FTAAP建设进程正式启动。但是在该次会议上FTAAP建设受到美国的阻碍，因为美国担心其主导的亚太地区的另一大自贸组织TPP谈判会因FTAAP建设受到削弱和冲击。2022年APEC峰会期间，贸易部长级会议重点关注了到2040年将APEC转变为FTAAP的相关计划，说明FTAAP仍然有希望最终达成。

处在不同研究阶段的中印自贸区、中哥自贸区和FTAAP的谈判情况也不相同。尽管3个自贸区谈判前景都相对比较乐观，但中哥自贸区和中印自贸区相对更容易达成，FTAAP在中短期内仍难以达成。这3个自贸区都是我国积极推动和十分重视的自贸区，尽管在推进过程中并非"一帆风顺"。此外，它们达成后都有望对我国经济增长产生不同程度的影响。

三、GTAP模拟研究

采用GTAP方法对中印自贸区、中哥自贸区和FTAAP达成后，将对我国经济增长的驱动情况进行事前实证模拟。

(一) GTAP 模拟设计

1. 经济体分组

将 134 个国家/地区归整为中国、哥伦比亚、印度、FTAAP[①]和全球其他经济体共五大经济体。

2. 产业部门分组

产业部门的分组同第七章的分类一致，即将 57 个产业部门整合为九大产业部门集合，依次是初级农产品、深加工农产品、畜产品、能源矿产、轻工业产品、重工业产品、建筑业、生活能源以及服务业（详见第七章）。最终形成 5×9 的模型形式。

3. 关税和非关税壁垒削减设定

由于正在研究的自贸区都尚未进入谈判阶段，因此，在进口关税壁垒（TMS）、非关税壁垒［包括技术性贸易壁垒（AMS）和出口补贴（TXS）］的削减幅度上无谈判进度和谈判内容可参考。所以我们在不影响研究结果的前提下，对关税和非关税壁垒削减幅度的设定尽量简化，下面是具体的设定内容。

中哥自贸区达成后，各自贸区伙伴相互之间的进口关税壁垒平均削减幅度为 80%，非关税壁垒（包括技术性贸易壁垒和出口补贴）平均削减幅度均为 10%。

中印自贸区达成后，各自贸区伙伴相互之间的进口关税壁垒平均削减幅度为 80%，非关税壁垒（包括技术性贸易壁垒和出口补贴）平均削减幅度均为 10%。

尽管 FTAAP 比已经处于谈判阶段的 RCEP 和 CAFTA 升级

---

① 此处假定 FTAAP 包括 APEC 的 21 个成员，即澳大利亚、日本、韩国、新西兰、中国、巴布亚新几内亚、加拿大、智利、中国香港、墨西哥、秘鲁、美国、中国台湾、俄罗斯、文莱、菲律宾、泰国、新加坡、越南、印度尼西亚和马来西亚。但 GTAP8.01 版数据库未给出巴布亚新几内亚和文莱的单独数据，因此此处的 FTAAP 未包含这两国的数据，中国单列。因此，GTAP 分组时的 FTAAP 只包括 18 个成员的数据。

版提出时间都早，但是由于涉及经济体众多，一直只是停留在设想阶段，尚无实质性的行动。但随着亚太区域内两大自贸区 TPP 和 RCEP 的谈判不断推进，两者都极有可能成为达成 FTAAP 的重要基础和可能的建设路径。此外，由于 TPP 和 RCEP 的成员已经包括 FTAAP 除中国香港、巴布亚新几内亚、俄罗斯及中国台湾外的 17 个经济体，因此基于上述考虑，FTAAP 将来谈判的起点相对会比较高。但由于 TPP 的谈判目标还高于 RCEP，因此基于"就低"原则，本研究假设 FTAAP 的关税和非关税壁垒的削减幅度同第七章的 RCEP 假定一样，即 FTAAP 达成后各自贸区伙伴相互之间的进口关税壁垒平均削减幅度为 80%，非关税壁垒（包括技术性贸易壁垒和出口补贴）平均削减幅度均为 10%。

4. 情景模拟设定

情景一：中哥自贸区达成，中印自贸区和 FTAAP 未达成。

情景二：中印自贸区达成，中哥自贸区和 FTAAP 未达成。

情景三：中哥自贸区和中印自贸区都达成，FTAAP 未达成。

情景四：中哥自贸区、中印自贸区和 FTAAP 都达成。

情景五：中哥自贸区、中印自贸区和 FTAAP 都达成，各自贸区伙伴相互之间的进口关税壁垒平均削减幅度为 90%，非关税壁垒（包括技术性贸易壁垒和出口补贴）平均削减幅度均为 15%。

情景六：中哥自贸区、中印自贸区和 FTAAP 都达成，各自贸区伙伴相互之间的进口关税壁垒平均削减幅度为 100%，非关税壁垒（包括技术性贸易壁垒和出口补贴）平均削减幅度均为 20%。

从情景一到情景四考察的是，自贸区达成数量增多对我国经济增长的驱动力大小的影响情况。其中，从情景一到情景二又可以考察达成的单个自贸区经济规模的大小对我国经济增长的驱动力的大小情况，这都是横向比较；纵向比较是从情景四到情景六，考察已经达成自贸区的自由化和便利化水平进一步提高对我国经济增长驱动力大小的影响情况。

（二）实证结果

从对外贸易增长效应、经济总量扩大效应和社会福利提高效应三方面对自贸区驱动我国经济增长的具体情况进行分析。

1. 对外贸易增长效应

首先对自贸区驱动各自贸区成员，尤其是驱动我国对外贸易增长的情况进行横向比较，即对从情景一到情景四下各指标的模拟数值进行比较（见表8-1）。

根据表8-1，总体上看，各自贸区达成后，对成员的外贸增长都会产生正向驱动作用，而且自贸区规模越大，其对成员的正向驱动作用就越大。同时，非成员经济体的外贸增长将会受到消极影响，自贸区规模越大，对非成员的外部不经济也就越大。比如，从情景一到情景四，全球其他经济体的进口总量和出口总量都呈现持续下降趋势，而且在情景一下印度也是非自贸区成员，其进口总量和出口总量分别会下降0.02%和0.01%。在情景二下，非自贸区成员哥伦比亚的情形也一样。

重点分析自贸区达成后对我国对外贸易增长的驱动情况。总体来看，这3个正在研究的自贸区达成后，均会驱动我国外贸增长。具体来讲，目前同与我国贸易总额越大、经济总量越大的经济体达成自贸区，对我国贸易增长的驱动作用就越大，情景一和情景二下的不同情形验证了这一点。在情景一下，中哥自贸区达成后，对我国进口总量增长率、出口总量增长率、贸易顺差和贸易条件的影响分别为提高0.19%、0.11%、167百万美元和0.05%，而在情景二下，中印自贸区达成后，相同指标的提高数值分别为2.01%、1.29%、1735百万美元和0.44%。此外，达成的自贸区数量越多，对我国外贸增长的驱动作用也越大。尤其是在情景四下，3个自贸区都达成后，对我国外贸增长的驱动作

第八章 我国正在研究的自贸区驱动经济增长实证模拟

表 8-1 对外贸易增长效应的 CTAP 模拟结果横向观察

国家及地区	进口总量变动率（%）情景一	情景二	情景三	情景四	出口总量变动率（%）情景一	情景二	情景三	情景四	贸易余额变动量（百万美元）情景一	情景二	情景三	情景四	贸易条件变动率（%）情景一	情景二	情景三	情景四
中国	0.19	2.01	2.2	35.01	0.11	1.29	1.4	25.16	167	1735	1900	29202	0.05	0.44	0.49	3.89
哥伦比亚	3.91	−0.05	3.74	1.66	3.69	−0.01	3.6	2.48	−153	−1	−151	−44	0.1	−0.05	0.01	−0.83
印度	−0.02	6.66	6.63	3.59	−0.01	7.11	7.08	4.8	−2	−2216	−2215	−785	−0.01	0.23	0.22	−0.75
FTAAP	−0.02	−0.12	−0.14	2.7	−0.01	−0.07	−0.08	2.33	59	477	531	−45225	−0.01	−0.05	−0.06	−0.34
全球其他经济体	−0.01	−0.07	−0.07	−0.91	0	−0.03	−0.03	−0.31	−71	−2	−74	16852	0	−0.04	−0.04	−0.38

— 163 —

用达到峰值，将推动我国进口总量提高35.01%，出口总量提高25.16%，贸易顺差增加29202百万美元，贸易条件改善3.89%。

比较各自贸区达成对我国和我国的自贸区伙伴对外贸易增长的驱动力大小，可以发现在进口总量和出口总量两个指标方面，除情景四下自贸区对我国的进口总量和出口总量提高幅度大于对自贸区伙伴的提高幅度外，其他三种情景下，我国的提高幅度都逊于自贸区伙伴。表明自贸区成员更多、市场规模更大的FTA-AP相比中哥自贸区、中印自贸区、中哥自贸区和中印自贸区都达成三种情况更能驱动我国进口贸易和出口贸易的增长。但在贸易余额和贸易条件改善方面，无论在何种情景下，对我国的正向驱动都优于对自贸区伙伴的正向驱动。

其次对自贸区驱动各成员，尤其是我国对外贸易增长的情况进行纵向比较，即比较从情景四到情景六各指标的模拟数值（见表8-2）。

根据表8-2，随着我国达成自贸区的贸易自由化和便利化水平不断提高，自贸区对各自贸区成员外贸增长的驱动作用也在增大。同时，对非成员的消极影响也在增大。

主要分析各自贸区达成对我国外贸的驱动作用。由表8-2可知，各个衡量指标数值都呈不断增大趋势，从情景四到情景六，我国进口总量的提高幅度从35.01%一直到70.04%，出口总量的提高幅度从25.16%一直到49.93%，进出口贸易总量得到有力驱动。贸易余额从29202百万美元一直到66836百万美元，贸易顺差不断扩大。贸易条件改善幅度从3.89%一直到7.26%，表明单位出口商品价格相对于单位进口商品价格是提高的，出口的盈利能力不断提高。以上分析都表明在已达成自贸区的基础上继续提高自贸区的自由化和便利化水平，将会不断增强自贸区对我国经济增长的驱动作用。

第八章 我国正在研究的自贸区驱动经济增长实证模拟

表8-2 对外贸易增长效应的CTAP模拟结果纵向观察

国家及地区	进口总量变动率（%）情景四	情景五	情景六	出口总量变动率（%）情景四	情景五	情景六	贸易余额变动量（百万美元）情景四	情景五	情景六	贸易条件变动率（%）情景四	情景五	情景六
中 国	35.01	51.81	70.04	25.16	37.12	49.93	29202	46740	66836	3.89	5.57	7.26
哥伦比亚	1.66	2.24	2.91	2.48	3.5	4.74	−44	−60	−82	−0.83	−1.27	−1.81
印 度	3.59	5.18	6.82	4.8	6.9	9.14	−785	−1115	−1577	−0.75	−1.06	−1.42
FTAAP	2.7	3.81	4.99	2.33	3.28	4.3	−45225	−68526	−93932	−0.34	−0.55	−0.8
全球其他经济体	−0.91	−1.3	−1.69	−0.31	−0.45	−0.59	16852	23015	28865	−0.38	−0.55	−0.71

— 165 —

2. 经济总量扩大效应

首先对自贸区驱动各成员，尤其是驱动我国经济总量扩大的情况进行横向比较（见表8-3）。

根据表8-3，从情景一到情景四，横向比较各自贸区达成，对各自贸区成员和非成员经济总量扩大的影响情况。可以发现自贸区达成，对各相关成员的经济总量扩大有驱动作用，而且经济规模越大的自贸区产生的驱动作用越显著，反之，经济规模较小的自贸区的驱动作用也较小。而自贸区达成后对非成员的影响不显著，特别是在情景一、情景二和情景三下对非成员的3个指标的影响整体都很微弱，这可能是由于目前我国与中哥自贸区、中印自贸区的贸易规模都较小，因此达成自贸区不会给非成员带来较强的贸易转移等消极影响。

我国在任何一种情景下都会得到积极的经济总量扩大效应，而且这种效应与达成的自贸区的市场规模、自贸区伙伴的经济贸易实力，以及达成的自贸区数量呈正相关。具体来讲，中哥自贸区达成对我国经济总量扩大效应的驱动作用最小，仅会驱动生产资料产出提高0.03%、资本存量提高0.005%，以及GDP总量指数提高0.01%。而拥有最多成员和最大市场规模的FTAAP，对我国经济总量扩大效应的驱动作用最大，其达成后有望驱动我国生产资料产出提高5.81%、资本存量提高0.89%及GDP总量指数提高3.82%。

此外，自贸区达成后带给各成员经济总量扩大的驱动力是不同的。在情景一、情景二和情景三下自贸区对其他伙伴的驱动力都大于对我国的驱动力。比如在情景一下，当中哥自贸区达成后，其将驱动哥伦比亚的生产资料产出提高0.88%，而驱动我国提高的幅度只有0.03%；同样在资本存量指标方面，将驱动哥伦比亚提高0.112%，而驱动我国仅提高0.005%；在GDP总量指数方面，将驱动哥伦比亚提高0.23%，而驱动我国提高0.01%。

第八章 我国正在研究的自贸区驱动经济增长实证模拟

表8-3 经济总量扩大效应的 CTAP 模拟结果横向观察

国家及地区	生产资料产出变动率（%）				资本存量变动率（%）				GDP 总量指数变动率（%）			
	情景一	情景二	情景三	情景四	情景一	情景二	情景三	情景四	情景一	情景二	情景三	情景四
中 国	0.03	0.29	0.32	5.81	0.005	0.04	0.05	0.89	0.01	0.13	0.14	3.82
哥伦比亚	0.88	0	0.86	0.44	0.112	0	0.11	0.06	0.23	0	0.23	0.19
印 度	0	1.38	1.38	0.82	0	0.2	0.2	0.12	0	0.52	0.52	0.39
FTAAP	0	−0.01	−0.01	1.15	0	0	0	0.09	0	0	0	0.38
全球其他经济体	0	−0.01	−0.01	−0.46	0	0	0	−0.03	0	0	0	−0.05

但在情景四下，自贸区对我国和自贸区伙伴的驱动力大小发生逆转，对我国的驱动力远大于对其他成员的驱动力，当然这也是由于我国达成的自贸区数量越来越多而造成的。

其次对自贸区驱动各成员，尤其是驱动我国经济总量扩大的情况进行纵向比较（见表8-4）。

根据表8-4，从情景四到情景六，随着已经达成的自贸区削减关税和非关税壁垒的力度不断加大，即贸易自由化和便利化水平不断提高，自贸区对各成员的积极驱动作用和对非成员的消极驱动作用也在不断加强。

重点分析自贸区对我国经济总量扩大的驱动影响情况。从情景四到情景六，我国的生产资料产出提高幅度将从5.81％、8.65％一直到11.65％，资本存量提高幅度将从0.89％、1.32％一直到1.78％，GDP总量指数将从3.82％、5.85％一直提高到7.99％，这表明自贸区关税和非关税壁垒削减幅度越高，其对我国经济总量扩大的驱动作用越大。因此，我国需要建设高水平的自贸区或者在已经达成的自贸区中继续提高贸易自由化和便利化水平，以进一步加强自贸区对我国经济总量扩大的驱动力。

3. 社会福利提高效应

根据情景一到情景四下社会福利变动量的模拟数值，横向比较各自贸区达成对各自贸区成员，尤其是对我国社会福利的驱动情况。再根据情景四到情景六社会福利变动量的模拟数值变动情况，纵向比较各自贸区达成对各自贸区成员，尤其是对我国社会福利的驱动情况（见表8-5）。

先进行横向比较。根据表8-5，从情景一到情景四，无论在何种情景下，自贸区达成都会提高各成员的社会福利水平，而且对我国社会福利增长的驱动力远大于对其他自贸区伙伴的驱动力。同时也呈现出随着达成的自贸区数量和自贸区成员数量的增加，自贸区对我国社会福利的驱动力不断加大的趋势。具体来

表8-4 经济总量扩大效应的CTAP模拟结果纵向观察

国家及地区	生产资料产出变动率（%） 情景四	情景五	情景六	资本存量变动率（%） 情景四	情景五	情景六	GDP总量指数变动率（%） 情景四	情景五	情景六
中　国	5.81	8.65	11.65	0.89	1.32	1.78	3.82	5.85	7.99
哥伦比亚	0.44	0.67	0.93	0.06	0.08	0.12	0.19	0.3	0.43
印　度	0.82	1.26	1.78	0.12	0.18	0.26	0.39	0.61	0.85
FTAAP	1.15	1.77	2.45	0.09	0.14	0.2	0.38	0.6	0.85
全球其他经济体	−0.46	−0.64	−0.81	−0.03	−0.05	−0.06	−0.05	−0.07	−0.09

看，从情景一到情景四，我国社会福利水平的增幅分别为 862 百万美元、9301 百万美元、10147 百万美元和 181143 百万美元。各自贸区成员也从达成后的自贸区受益，社会福利水平有不同程度的提高。相反，非成员的福利水平随着我国自贸区达成数量的增加而持续降低。

表 8-5　社会福利提高效应的 CTAP 模拟结果观察

国家及地区	社会福利变动量（百万美元）					
	情景一	情景二	情景三	情景四	情景五	情景六
中　国	862	9301	10147	181143	275552	376896
哥伦比亚	480	−15	453	126	209	273
印　度	−22	6759	6725	2568	4426	6223
FTAAP	−421	−3078	−3481	84016	131068	181429
全球其他经济体	−265	−3510	−3760	−41209	−58640	−75822

再进行纵向比较。根据表 8-5，从情景四到情景五，在保持我国达成的自贸区数量不变的情况下，继续扩大对各个自贸区关税和非关税壁垒的削减幅度，即提高各自贸区的贸易自由化和便利化水平，我国和各自贸区成员的社会福利水平都呈现出持续提高的趋势。其中我国的社会福利将从增加 181143 百万美元提高到增加 275552 百万美元，一直提高到增加 376896 百万美元，其他自贸区成员的社会福利水平也将随着不断提高的贸易自由化和便利化水平而不同程度地提高。

四、实证总结

根据 GTAP 实证模拟结果分析可知，总体来看，以中印自贸区、中哥自贸区和 FTAAP 为代表的我国正在研究的自贸区，它们在达成后都会通过对外贸易增长效应、经济总量扩大效应和社会福利提高效应三方面驱动我国的经济增长。

不论在何种情景下,达成自贸区对我国产生的对外贸易增长效应,都会给我国在进口总量、出口总量、贸易顺差和贸易条件方面带来提高或改善;对我国产生的经济总量扩大效应都会使我国在生产资料产出、资本存量及 GDP 总量指数三方面得到提高;对我国产生的社会福利提高效应都会使我国在社会福利总量方面得到提高。而且,达成的自贸区数量越多、自贸区伙伴数量越多,其对我国经济增长的驱动力越大。

在相同的关税和非关税削减幅度下,与经济贸易大国达成自贸区,将会使我国经济增长得到更大的驱动力;与经济贸易小国或者非我国主要贸易伙伴达成自贸区,对我国经济增长的驱动力较弱。通过情景一下达成中哥自贸区和情景二下达成中印自贸区对我国的不同驱动力可以得到验证。

正在研究的自贸区在达成后,若继续削减这些自贸区的关税和非关税壁垒,即不断提高已达成自贸区的贸易自由化和便利化水平,那么自贸区对我国经济增长的驱动力将会进一步加大。

正在研究的自贸区在达成后,其对我国经济增长的驱动力并不比其对自贸区伙伴的驱动力大。

最后,自贸区达成后对非自贸区成员在贸易增长、经济总量扩大和社会福利提高方面都会产生外部不经济效应,从而抑制非成员的经济增长。同样,非成员包括以下两类:①从未与我国签署自贸协定的经济体;②与我国签署了某个自贸协定但不是我国签署的另一个自贸协定的成员。

五、本章小结

从总体上看,处于不同研究阶段的自贸区进展都相对缓慢。中印自贸区在结束联合可行性研究之后至今未正式启动谈判,中哥自贸区历经多年仍未结束可行性研究工作,FTAAP 由于涉及

21个经济体，达成一致难度更大。正在研究的进度不一、规模迥异的自贸区对于我国开拓国外市场、优势互补、互通有无和互利共赢都有积极意义，对于我国经济增长都有不同程度的积极影响。

以中印自贸区、中哥自贸区和FTAAP为例的GTAP事前实证模拟研究，证明了正在研究的自贸区对我国经济增长的确存在较大驱动力，并且会通过对外贸易增长效应、经济总量扩大效应和社会福利提高效应驱动我国经济增长。对正在研究的自贸区驱动我国经济增长的实证结果还显示，我国达成的自贸区数量、自贸区伙伴的经济贸易实力，以及自贸区的整体经济规模均与自贸区对我国经济增长的驱动力呈正相关。此外，正在研究的自贸区在达成后，如果继续加大关税和非关税壁垒的削减力度，不断提高贸易自由化和便利化水平，那么自贸区对我国经济增长的驱动力也将进一步增大。自贸区达成后对我国经济增长的驱动力在所有自贸区成员中并不一定是最大的。

第九章 研究总结

当前国内经济下行压力渐大，经济增长呈现出新常态，已经从高速增长跌入中高速增长，原有的消费驱动、投资驱动和出口驱动对经济增长的驱动已经"心有余而力不足"，因此，寻求新的经济驱动力刻不容缓。在国内，自贸区发展正日益受到重视，党的十七大将自贸区建设升格为一项国家级战略，党的十八大提出要加快实施自贸区战略。近些年来我国一直以周边经济体为主进行自贸区谈判，现如今"一带一路"倡议又成为今后自贸区发展的一个重点方向。基于国内经济形势和自贸区发展态势，以自贸区为研究对象，将自贸区发展与经济增长联系起来，从理论分析和实证研究两大层面，论证了自贸区驱动我国经济增长的实际和模拟情况，使得本研究既有理论基础又有实证验证，并最终提出"自贸区驱动经济增长"的新思路。本章先总结了研究我国自贸区经济增长效应所取得的诸多结论，并在此基础上提出了如何使自贸区更好地驱动经济增长的政策建议，最后进行了研究展望。

一、研究结论

第一，在文献综述部分，通过对自贸区影响成员经济增长相关研究文献的分析，归纳出国内外学者的四种主要观点，分别是有助于经济福利增长、对经济福利增长有利有弊、不利于经济增长和对经济增长影响不显著。尽管学者们对自贸区经济效应的研究结论、观点有异，但主流意见是：①自贸区建设会促进经济增长；②自贸区对经济增长有利有弊。通过对我国自贸区经济增长效应相关文献进行归纳，我们发现大多数学者是从经济增长效应的一个方面（比如贸易增长效应、投资上升效应、社会福利提高效应和经济总量扩大效应）进行研究，即从单一视角分析我国自贸区的经济影响，只关注了自贸区产生的一种经济效应，只有少量学者同时分析了自贸区产生的两个或三个经济效应，同时研究结论和观点大多支持我国自贸区建设会带给我国积极的经济增长效应。此外，国内外学者较少从系统整体的角度对某个经济体建成的自贸区的经济增长效应进行研究。尽管大多数研究已经认识到自贸区对经济增长的积极影响，但都未能明确将自贸区视为提高经济增长的驱动力。

第二，对自贸区经济增长效应思想按照渊源、基石和提出的理论演进历程进行梳理及归纳总结，给出自由贸易的经济增长思想是渊源、关税同盟理论的经济增长思想是基石，Meade 和 Robson 在各自的自贸区理论中正式提出了经济增长思想的观点。以理论演进为基础，对自贸区的经济增长效应从数理模型构建和作用机制研究两大方面进行了探究，得出了自贸区驱动经济增长的依据和途径。数理模型推导的结果显示，自贸区只有提高包括最终产品和中间产品在内的产品自由化和便利化水平，才会对经济增长起到驱动作用；作用机制研究的结果表明，自贸区会通过静态作用机制（包括贸易红利机制和福利效应机制）和动态作用机制（包括投资红利机制、规模效应机制、竞争效应机制和技术效应机制）对经济增长产生影响，而且这些作用机制往往不是单独发生作用的，而是相互影响并形成合力驱动经济增长。

第三，本书分析的是我国自贸区的经济增长效应问题，因此对我国自贸区整体发展概况的介绍必不可少。相关研究结论表明，我国的自贸区发展起步于全球区域经济一体化发展的第四个阶段，目前自贸区正处于快速发展阶段。本书重点归纳出我国自

第九章 研究总结

贸区发展存在的十大主要特征，分别是起步较晚但发展较快；以亚洲为发展重心，尤其是我国周边地区；不同发展模式共存；整体建设层次低；自由化水平逐步提高，涉及领域范围逐步扩大；"多规制"的协议模式灵活性高；尚未出现以我国为轴心的自贸区；以自贸区双边谈判为主，自贸区三边或多边谈判为辅；能够继续深化合作并展开升级版或第二阶段谈判，以及谈判之路并不是一帆风顺。此外，研究还表明我国自贸区的发展与经济增长有着互动关系，而且自贸区在我国经济增长中有着极其关键的经济战略地位和贸易投资地位。

第四，通过将我国参与的各自贸区根据谈判进展情况分为已签署协定、正在谈判和正在研究三类，并分别对这三类自贸区的经济增长效应进行实证研究，得出自贸区经济增长效应的一些相关结论。

运用扩展的贸易引力模型对自贸区驱动我国贸易总额增长的情况进行研究，发现与经济发达自贸区伙伴、经济欠发达自贸区伙伴和全部自贸区伙伴的自贸区合作都会驱动我国进出口贸易总额增长。以贸易引力模型为基础构建的经济总量扩大模型的实证结果也显示，与经济发达自贸区伙伴、经济欠发达自贸区伙伴和全部自贸区伙伴签署自贸协定都会驱动我国经济总量的扩大。此外，贸易增长效应和经济总量扩大效应的结果也都表明与经济发达经济体达成自贸区对我国经济增长的驱动力更大，同时达成的自贸区数量越多，其对我国经济增长的驱动力越大。总之，无论是描述性统计还是计量实证，都证实了签署协定后自贸区对我国经济增长的确存在正向驱动作用。

运用 GTAP 模型对我国正在谈判和正在研究的自贸区进行实证研究，也得出了不论是正在谈判的自贸区还是正在研究的自贸区，在达成后都会通过驱动我国对外贸易增长、经济总量扩大及社会福利水平提高，进而驱动我国经济增长的结论。从横向比较观察可知，达成的自贸区数量越多、自贸区伙伴数量越多、建设的市场总规模越大，对我国经济增长的驱动力就越大。从纵向比较观察可知，自贸区的关税和非关税壁垒削减幅度越大，即自贸区的贸易自由化和便利化水平越高，对我国经济增长的驱动力就越大。此外，GTAP模型对我国正在谈判自贸区的模拟结果还表明，正在谈判的自贸区达成后，对我国的对外贸易条件有可能带来不利影响，导致贸易条件恶化，但贸易条件改善或恶化与达成自贸区的自由化和便利化水平的高低无相关关系；正在谈判的自贸区达成后，其对各自贸区成员经济增长的驱动力大小不尽相同，对我国经济增长的驱动力并不是最大的，有时会低于对同一自贸区中其他成员的驱动力，但整体上处于中上游水平。GTAP模型对我国正在研究的自贸区的模拟结果还表明，在相同关税和非关税壁垒削减幅度下，与经济贸易大国达成自贸区会使我国经济增长得到更大驱动力，与经济贸易小国或者非我国主要贸易伙伴达成自贸区，对我国经济增长的驱动力较弱；正在研究的各自贸区达成后，其对我国经济增长的驱动力相比其他自贸区伙伴而言并不一定是最大的。

第五，本书提出了"自贸区驱动经济增长"的经济增长新思路，指出自贸区建设能够产生一系列自贸区红利，进而对我国经济增长产生积极影响。"自贸区驱动"作为新常态下"从要素驱动、投资驱动转向创新驱动"的重要体现，具备驱动我国经济增长的"实力"和"能力"，能够成为今后我国经济增长的一种新型驱动力。充分发挥自贸区的驱动作用，有望让我国经济增长步入"自贸区时代"。

二、政策建议

本书从理论和实证两方面研究证实了"自贸区驱动"的存在，得出"自贸区驱动"是我国经济增长重要驱动力的结论。为

第九章 研究总结

了使自贸区可以更好地发挥驱动我国经济增长的"威力",需要结合目前我国自贸区发展的现实情况和我国新一轮对外开放、构建开放型经济新体制的要求来谋划大棋局。既要谋子,即加快自贸区谈判步伐、增加自贸区谈判数量和提高自贸区谈判质量;更要谋势,即为我国自贸区驱动进行顶层设计,不能自下而上或仅凭市场自发驱动。在宏观上做好自贸区建设的整体规划,在微观上认真对待、开启和研究每一个自贸区谈判。在理论和实证研究结论的基础上,具体的政策建议内容要综合考量,如坚持五项发展原则、把握"一体两翼"区域布点、充分利用既有基础、与时俱进优化谈判内容、引领全球经贸新体系制定,以及"双轮驱动"自贸区发展等。

(一)坚持五项发展原则

1. 搁置争议,深化互信,寻找利益共同点

由于自贸区各参与方都在努力打造利于自身发展,使自身利益最大化的自贸区,因此谈判中难免在合作内容上存在争议,这就需要各方本着达成自贸区能够驱动各方经济增长的合作态度,适当妥协,采取折中的方案。在谈判过程中从建设自贸区的大局出发,着眼于长远,摒弃争议,推进共识,形成合力。此外,由于历史遗留等原因,我国与周边一些经济体存在政治争议、领土纠纷及岛屿争端等,因此要深化政治互信,搁置争议,寻求利益共同点,为自贸区谈判创造良好的政治关系基础,共同推动自贸区谈判。

2. 先易后难、抓住核心,考虑渐进性和各方国情

在谈判内容上,要从各经济体都关注且容易达成共识的领域——货物贸易自由化入手,对于谈判中的阻碍要遵循先易后难的原则来解决,和经济水平较高的经济体谈判,可以尽快地、高标准地来进行谈判及落实协定,和经济发展较落后的经济体可以

设置一个落实缓冲期，在经过一个合理的过渡期后再逐步放开国内市场。同时又要抓住核心谈判要素——货物、服务和投资自由化，同时稳步推进政府采购、海关程序、知识产权、人员流动、品牌合作、环境保护、劳工标准、国有企业和竞争政策等"21世纪新议题"的谈判，对于较难达成一致的谈判内容可先签署协定后再进行补充谈判。此外，自贸区谈判还可以借鉴中国—东盟自贸区建设的成功经验，采取渐进的方式，分步谈判，即先从商品货物贸易进行谈判，再逐步推动落实服务贸易、投资环境的自由化，在充分考虑各成员经济发展差异性和多样性的基础上，针对老挝、缅甸和柬埔寨等经济发展落后的国家采取了差别待遇，延后一点时间落实一些减税政策，允许"例外"情况存在，根据各方经济发展和自贸区合作提出的新要求，适时进行深化合作的"升级版"谈判。

3. 采取灵活多样的谈判形式并健全运行机制

我国要采取以下灵活多样的自贸区谈判、发展和维护形式，以提高自贸区建设的成功率。

形式一：先进行早期收获协定，在可行性理论论证的基础上，先行先试，进行试点试验，实践验证。

形式二：对于多边自贸区的谈判可以采取逐个击破，最终归零为整的方式，与"一带一路"沿线经济体逐个开展谈判，最后可能整合为一个大规模的自贸区；我国多次表示愿意与欧盟开展自贸区谈判，但欧盟反应并不积极，那么我国也可以采取各个击破的策略，先与欧盟各成员达成若干个自贸区群，最后再与欧盟达成自贸协定，同时，在进行自贸区合作时还要注重发展重点合作伙伴，有主有次、轻重分明。

形式三：在既有已签署协定的自贸区的基础上，根据实际运行过程中出现的问题和不足，根据国际自贸区发展新形式、新特征，继续深化合作，进行升级版或者第二阶段的谈判，提升合作质量和水平,扩大合作范围。

形式四:积极主动引领自贸区构想和建设,转变参与自贸区建设的保守观念,对国际自贸区建设新趋势、新动向进行认真观察和分析,积极采取应对措施,不断涉及、接触和开启自贸区"21世纪新议题"。

形式五:先行先试,加强对自贸区"21世纪新议题"谈判的科学论证。

良好的运行机制和综合监管体系是自贸区正常运转、建设成功的有力保证。通过借鉴欧盟、NAFTA及ASEAN等自贸区的成功经验,我国自贸区的运行机制应包括以下三方面:首先,要以自贸区协议文本为法律基准,明确双方的义务和权利;其次,要安排磋商机制,定期举行各种政府会议,确保自贸区运行中发现的问题能及时沟通和解决,及时协商解决项目执行过程中遇到的问题;最后,要争取建立自贸区专门管理和监督机构,做好各成员之间的沟通桥梁,加强自贸区运行的风险控制。

4. 开拓新自贸区与提升既有自贸区合作相结合

首先要积极推进正在谈判和正在研究的自贸区建设,不断增加自贸区和自贸区伙伴的数量。还要对已经签署协定的自贸区不断进行完善和深化,以满足自贸区参与方经济贸易发展新形势的需要,提高合作质量。总之,"用两条腿走路"迈出的步伐会更大一些,效果会更好一些。

5. 要注意把握与我国未参与自贸区的竞争关系

以我国参与的RCEP和未参与的TPP为例进行说明。RCEP不包括美国,因此在东亚的区域合作问题上美国被要求"靠边站",美国不能参与RCEP"游戏"规则的制定,其要想加入RCEP,只能是RCEP谈判结束并正式成立后才有可能。排斥美国的加盟,必会引起其不满。此外,RCEP与美国主导的TPP之间还存在双方争相拉拢亚太国家入伙的情况,双方的成员有重叠,因此两者间的竞争是不可避免的。既然两大自贸区组织客观上的竞争无法回避,RCEP 为了自身利益的最大化,就需要争取把两者推向互补和良性竞争的状态,以 RCEP 与 TPP 之间的和平经济竞争代替恶性对抗,让两者在良性竞争中比较各自的效益和力量,让亚太区域内各经济体自愿选择加入。

(二)把握"一体两翼"区域布点

我国一直坚持以与周边经济体的自贸区谈判为主,我国首个自贸区谈判是与周边的经济体——东盟展开的,此后我国自贸区发展就长期以周边自贸区谈判为重点,2014 年的自贸区谈判重点就是以中韩自贸区、中日韩自贸区和 RCEP 为主的周边自贸区谈判。[①] 目前周边自贸区谈判的主攻方向是我国东北边、南边和西南边的周边自贸区,比如有已经达成协定的 CAFTA、中国—新加坡自贸区、中国—巴基斯坦自贸区、中国内地与香港和澳门地区的两个 CEPA,中国大陆与台湾地区的 ECFA;正在谈判的自贸区有中韩自贸区、中日韩自贸区、RCEP、CAFTA 升级版和中国—巴基斯坦自贸区第二阶段谈判,正在研究中的自贸区有中印自贸区。

周边主要经济体大都与我国签署了自贸协定或正在进行自贸区谈判,要依托"一带一路"和 FTAAP 谈判实现全球性的自贸区网络布局,实现以我国为主体、"一带一路"和 FTAAP 为两翼的"一体两翼"自贸区开放包容格局,力争在东亚、亚洲、亚太,以及全球打造出以我国为中心的"轮轴—辐条"自贸区结构。

以我国为中心的"一体两翼"格局是指向西要积极同"一带一路"沿线国家和地区商建自贸区,向东要积极同 FTAAP 的参与经济体进行自贸区合作,共建 FTAAP。以"一带一路"和 FTAAP 布

[①] 根据商务部新闻发言人在 2014 年 2 月例行发布会上的发言而得。

第九章 研究总结

局我国面向全球的自贸区发展,积极同"一带一路"沿线经济体建设自贸区,同时积极推动 FTAAP 建设的不断前进。"一带一路"和 FTAAP 将为我国打造出面向全球、覆盖全球主要经济体的自贸区世界网络,并最终建成面向全球的高标准自贸区网络。

今后较大规模的自贸区谈判主要是"一带一路"和 FTAAP。"一带一路"是我国提出和倡导的自贸区(群)规划,标志着我国开始由之前在经济一体化中的参与者、追随者角色向引导者和制定者角色转变;FTAAP 是我国热议和力推的大规模自贸区,FTAAP 将把 APEC 的 21 个环太平洋周边经济体,尤其是北美洲和南美洲的经济体一并纳入与我国间接有自贸区伙伴关系的经济体中。

FTAAP 是我国力推进行建设的自贸区,而"一带一路"是我国引领、规划和主导的自贸区(群)等形式的经济合作,其对我国自贸区战略的实施意义重大。在周边主要经济体都与我国已签署自贸协定或正在进行自贸区谈判的情况下,"一带一路"沿线经济体将是今后我国长期进行自贸区谈判的重点。因此,需要尽快促成与"一带一路"沿线相关经济体的自贸区谈判,形成"一带一路"自贸区(群),以驱动我国经济更快更好地增长。

(三)充分利用既有基础

1. 利用既有合作基础,积极利用好各类国际平台、经贸平台、战略伙伴关系及贸易伙伴关系开拓新的自贸区合作

从我国积极参与并拥有较大话语权的各种次区域经合组织(例如大湄公河次区域经济合作和大图们江国际区域合作等)和各类经贸合作论坛(例如上海合作组织、博鳌亚洲论坛和金砖国家峰会等)的参与方中寻找自贸区谈判伙伴,还可以从与我国建立了各类战略伙伴关系的经济体及我国的重要贸易伙伴经济体中寻找。通过这些合作平台和关系,我国拥有了一定的对话、合作、友好交流及经济联系等谈判基础,这将更有助于自贸区合作。

2. 利用并发挥已经签署协定并生效运行的自贸区的示范效应

积极宣传这些已达成自贸区的积极影响和丰硕成果，达成自贸区不仅对我国经济增长有驱动作用，对自贸区伙伴的经济增长，甚至有更大的驱动作用和影响效果，增强各经济体与我国进行自贸区谈判的意愿，以加大我国与其他经济体的自贸区合作力度。

3. 利用既有法律、政策和实践基础

我国自贸区在谈判发展过程中已经为后续自贸区谈判发展奠定了法律、政策和实践三方面的基础。具体来看，在法律基础方面，2004年7月经修订后正式实施的《中华人民共和国对外贸易法》第一章第五条明确规定：我国要依据平等互利的基本原则，促进和发展同世界其他经济体的贸易发展，缔结或者参加关税同盟协定、自贸区协定等自贸区，积极参加区域经济组织。这为我国自贸区的发展提供了法律基石。在政策支持方面，党的十七大报告首次阐明要"实施自由贸易区战略"，这表明我国已经将发展自贸区升级成一项国家级战略，明示了自贸区在我国今后经济贸易发展中的重要地位。其后党的十八大报告又提出"全面提高开放型经济水平"的号召，再次重申要加快实施自贸区战略，推动同周边国家互联互通。这为我国自贸区的战略规划提供了政策支持。在实践支撑方面，我国的自贸区经过十几年的发展，积累了较丰富的谈判和建设经验，这为顶层设计奠定了实践基础。目前我国已形成一套依次推进、环环相扣的自贸区建设经验（见图9-1）。

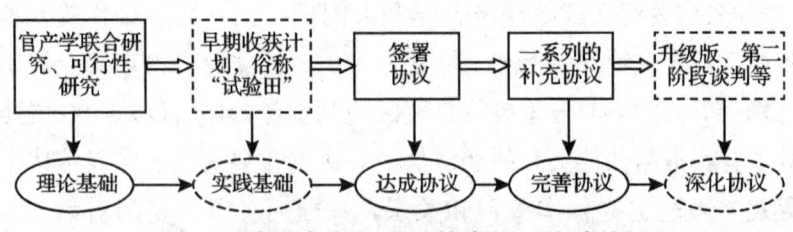

图9-1 我国自贸区建设的常规工作路线图

注：虚线的方框和椭圆表示并不一定会发生的步骤。

第九章　研究总结

根据图9-1,我国自贸区建设的常规工作路线主要包括:正式谈判之前的官产学联合研究、可行性研究;正式签署协议之前的"试验田"、早期收获计划;正式签署协议之后的各类补充协议,以及进行升级版谈判、第二阶段谈判等深化和提升自贸区合作的工作等。需要强调的是,我国的自贸区谈判并不一定是严格按照这些步骤依次进行的。

（四）与时俱进优化谈判内容

目前自贸区谈判发展的最新趋势是政治议题、安全议题、生态议题等非经贸类议题和"21世纪新议题"不断增多,美国主导的TPP和美欧联合推出的TTIP都是这种新趋势的引领者。而根据我国已签署协定的自贸区可知,对于非经济领域的谈判,我国通常持回避和谨慎的态度。但根据实证研究结论,自贸区对经济增长有较明显的驱动作用,而且贸易自由化和便利化水平越高的自贸区在对外贸易增长、经济总量扩大和社会福利增加等经济增长指标方面的正向驱动作用越大。而且高水平的自贸区也能起到倒逼国内经济贸易体制改革的作用,对经济的长远、健康、持续发展也有重要意义。

尽管我国的自贸区谈判短期内仍是以经济领域的议题为主,但也正在逐步增加对非经贸领域议题的谈判,2014年生效的中国—瑞士自贸区,以及2015年6月签署的中韩自贸区、中澳自贸区等就涉及一些我国很少涉及的新议题,例如政府采购、环境、劳工与就业合作、知识产权和竞争等。对于非经贸类的"21世纪新议题",我国可以在自贸区谈判时先规定一些原则性和宣示性的笼统条款,暂不明确双方在这些领域的强制性义务,待时机成熟后再加快新议题谈判。对双方的敏感行业、部门可以设置"缓冲期"或允许存在"例外"的情况,以便降低谈判难度。此外,还要根据谈判伙伴的实际情况和我国国情继续提高自贸区谈判标准,以打造高水平自贸区。提高自贸区合作水平和提高自贸区谈判标准的途径有两条：首先是建设新的自贸区要争取达成更高水平或不低于我国既有自贸区合作水平的自贸区；其次是继续深化已有的自贸区合作，对已经达成的自贸区要进行升级版谈判、第二阶段谈判、自贸区联合委员会会议，以及后续协议谈判等，提高合作程度、贸易自由化和便利化水平。

（五）引领全球经贸新体系制定

我国要以积极主动的姿态参与新一代经贸规则的制定，在全球掀起第五波区域经济一体化浪潮之际和在新一轮全球经济贸易体系重构中，发出自己的"声音"，不能只追求"搭便车"的便利，一味遵从已经制定好的国际经贸往来规则，这种被动行为带给我国更多的是消极影响，使我们只能在国际贸易交往中按照既有的国际惯例处处受制于人。要努力学习和借鉴西方发达经济体成为国际经贸规则制定者的良好经验和策略，还要注重对国际自贸区建设新趋势进行密切关注和研判，追踪 TPP、TTIP 及 TISA 的最新动向和进展，分析谈判内容，及早准备，争取主动，继续打造出类似于"一带一路"、丝路基金、亚洲基础设施投资银行、中蒙俄经济走廊，以及金砖国家新开发银行等由我国发起、引领、倡导和力推的对外经济交往组织，获取国际经济规则制定权，以及在地区与国际秩序构建中的主动权乃至主导权，疏通我国对外联系开放的通道，使与外部经济体的合作更加紧密、往来更加便利、利益更加融合，最终构建起开放型经济新体制。

（六）"双轮驱动"自贸区发展

我国在对外执行"自贸区驱动"的同时，对内要练好自贸试验区发展"内功"，打造中国经济增长新的"试验田"，积极推进以上海自贸试验区为代表的自贸试验区建设，不断夯实经济增长的自贸试验区基础。为更好地发挥自贸试验区驱动经济增长的作用，首先要利用自贸试验区先行先试的功能，将一些还没有（完全）对外开放的行业、领域先放在自贸试验区中进行对外开放试验，检验这些行业、领域受冲击影响的情况，以便早做准备，迎接开放带来的外部冲击，保证经济增长的稳定性和持续性。其次要通过自贸试验区引进、熟知和运行国际通行经贸"游戏"规则，检验国际规则在我国自贸试验区内的运行情况，进一步采取与国际通行经贸规则接轨的有关措施，积累相关经验，为经济改革提供参考和借鉴，为经济增长"护航"。再次要通过开放自贸试验区，借助外部刺激倒逼国内经济体制改革，深化改革行政管理体制，简政放权，强调政府机构的"服务性"功能，适度弱化"监管性"功能，为经济增长"松绑"。最后，还要充分发挥自贸试验区的创新功能，通过创新实践为进一步深化改革和扩大开放探索新途径、积累新经验，以创新红利驱动改革和经济增长。最终通过"自贸区驱动"与"自贸园区驱动"的"双轮驱动"模式，共同驱动我国经济"升级版"的形成。

三、研究展望

本研究验证并得出了自贸区能够驱动经济增长的结论，这为我国大力推进自贸区建设这项国家级战略提供了理论层面的支撑，会更加坚定我国发展自贸区的决心。由于我国自贸区的发展是动态的，不断有新趋势出现，因此对自贸区经济增长效应的研究也应该是动态进行的。随着"一带一路"倡议的实施，我国新一波自贸区谈判和建设浪潮已现端倪，未来自贸区经济增长效应的研究应加强对共建"一带一路"国家、地区或经济组织的事后分析和事前预测，以便更好地服务于"一带一路"倡议的实施。

在理论研究方面，尽管区域经济一体化理论不断发展，但专门研究自贸区经济增长效应的理论仍屈指可数，这与目前全球自贸区蓬勃发展并成为主要的区域经济一体化形式的情况不相称。虽然本书对相关理论演进及作用机制进行了系统梳理和研究，但在研究深度上仍不足，因此对自贸区理论的研究仍亟须加快、加深和加强。在实证研究方面，目前对已经签署协定的自贸区的经济增长效应的研究缺乏专门的实证方法，以贸易引力模型为主的事后分析方法关注的是自贸区建立后带来的贸易效应，并不是直接研究经济增长效应，因此实证研究在这方面存在一定的空白。

参 考 文 献

一、英文文献

[1] Akbari M, Azbari M E, Chaijani M H. Performance of the Firms in a Free-Trade Zone: The Role of Institutional Factors and Resources [J]. European Management Review, 2019, 16 (2): 363-378.

[2] Antràs P. Firms, Contracts, and Trade Structure [J]. Quarterly Journal of Economics, 2003, 118 (4): 1375-1418.

[3] Anuradha R V. Liberalization of Trade in Services under RCEP: Mapping the Key Issues [J]. Asian Journal of WTO and International Health and Policy, 2013, 8 (2): 401-420.

[4] Balassa B. The Theory of Economic Integration [M]. Homewood, Illinois: Richard D. Irwin, Inc. , 1961.

[5] Baldwin R E. Towards an Integrated Europe [R]. London: CERP, 1994.

[6] Bean D. KOREA China-Japan-Korea Free Trade Agreement [J]. Journal of East Asia and International Law, 2013, 6 (2): 597-599.

[7] Bergstrand J H. The Generalized Gravity Equa-

tion, Monopolistic Competition, and the Factor-Proportions Theory in International Trade [J]. Review of Economics and Statistics, 1989, 71 (1): 143-153.

[8] Berthelon M. Growth Effects of Regional Integration Agreement [R]. Central Bank of Chile Working Papers, 2004.

[9] Bhagwati J. Free Trade Today [M]. Princeton, NJ: Princeton University Press, 2002.

[10] Bhagwati J. Regionalism and Multilateralism: An Overview [M] //Jaime D M, Arvind P. New Dimensions in Regional Integration. New York: Cambridge University Press, 1993.

[11] Bhagwati J. U. S. Trade Policy: The Infatuation with Free Trade Areas [M] // Jagdish B, Anne O K. The Dangerous Drift to Preferential Trade Agreement. Washington, D. C.: The AEI Press, 1995.

[12] Bouet A, Berisha-Krasniqi V, Estrades C, et al. Trade and Investment in Latin America and Asia: Perspectives from Further Integration [J]. Journal of Policy Modeling, 2012, 34 (2): 193-210.

[13] Brown D K, Kiyota K, Stern R M. An Analysis of a US-Southern African Customs Union (SACU) Free Trade Agreement [J]. World Development, 2008, 36 (3): 461-484.

[14] Castilho M R, Menéndez M, Sztulman A. Poverty Changes in Manaus: Legacy of A Brazilian Free Trade Zone?

[J]. Social Science Electronic Publishing, 2019, 23 (1): 102-130.

[15] Cheong I. An Analysis of the Effect of the China-Korea FTA with the Consideration of FTA Sequence and FTA Hub Gains [J]. Journal of Korea Trade, 2014, 18 (1): 63-81.

[16] Cho J, Woo K, Rhee H-C. Industrial and Employment Effect of China-Korea FTA: Negotiation Strategy and Institutional Preparation for Countries Seeking for FTA with China [J]. Inzinerine Ekonomika-Engineering Economics, 2013, 24 (2): 99-110.

[17] Choi Y. The Optimal Path of a China-Japan-Korea FTA: Multilateral Path or Sequential Path? [J]. Pacific Focus, 2013, 28 (3): 435-458.

[18] Chong S Y, Hur J. Small Hubs, Large Spokes and Overlapping Free Trade Agreements [J]. World Economy, 2008, 31 (12): 1625-1665.

[19] Corning G P. Between Bilateralism and Regionalism in East Asia: the ASEAN-Japan Comprehensive Economic Partnership [J]. Pacific Review, 2009, 22 (5): 639-665.

[20] Deniau J F. The Common Market: Its Structure and Purpose [M]. New York: Frederick A Praeger, 1960.

[21] Devadason E S. ASEAN-China Trade Flows: Moving Forward with ACFTA [J]. Journal of Contemporary China, 2010, 19 (66): 653-674.

[22] Don H M. Israel's Trade Relations with the Eu-

ropean Union: The Case for Diversification [J]. Mediterranean Politics, 2008, 13 (3): 391-417.

[23] Estrada G, Park D, Park I, et al. China's Free Trade Agreements with ASEAN, Japan and Korea: A Comparative Analysis [J]. China and World Economy, 2012, 20 (4): 108-126.

[24] Ethier W J. Regionalism in A Multilateral World [J]. Journal of Political Economy, 1998, 106 (6): 1214-1245.

[25] Fadeyi O A, Bahta T Y, Ogundeji A A, et al. Impacts of the SADC Free Trade Agreement on South African Agricultural Trade [J]. Outlook on Agriculture, 2014, 43 (1): 53-59.

[26] Fernandez R, Portes J. Returns to Regionalism: An Analysis of Non-Traditional Gains from Regional Trade Agreements [J]. The World Bank Economic Review, 1998, 8 (2): 197-220.

[27] Frankel J A. Regional Trading Blocs in the World Economic System [M]. Washington, DC: Institute for International Economics, 1997.

[28] Frankel J, Rose A. An Estimate of the Effect of Common Currencies on Trade and Income [J]. The Quarterly Journal of Economics, 2002, 117 (2): 437-466.

[29] Fukunaga Y, Isono I. Taking ASEAN+1 FTAs towards the RCEP: A Mapping Study [R]. ERIA Discussion Paper Series, ERIA-DP-2013-02, 2013.

[30] Gong Q, Lin Y f, Zhang Y L. Financial Structure,

Industrial Structure, and Economic Development: A New Structural Economics Perspective [J]. The Manchester School, 2019, 87 (2): 183-204.

[31] Gong Q, Lin Y F, Zhang Y L. Financial Structure, Industrial Structure, and Economic Development: A New Structural Economics Perspective [J]. The Manchester School, 2019, 87 (2): 183-204.

[32] Hertel T W. Global Trade Analysis: Modeling and Applications [M]. New York: Cambridge University Press, 1997.

[33] Hoadley S, Yang J. China's Cross-regional FTA Initiatives: Towards Comprehensive National Power [J]. Pacific Affairs, 2007, 80 (2): 327.

[34] Hur J, Park C. Do Free Trade Agreements Increase Economic Growth of the Member Countries? [J]. World Development, 2012, 40 (7): 1283-1294.

[35] Jenkins G P, Kuo C Y. Taxing Mobile Capital in Free Trade Zones to the Detriment of Workers [J]. Asia-Pacific Journal of Accounting & Economics, 2019, 26 (3): 207-222.

[36] Jimenez-Arista V A, Martinez-Damian M A, Mora-Flores J S, et al. Trade Partnership: A Study of Mexico's Free Trade Agreements [J]. Agrociencia, 2004, 38 (6): 687-694.

[37] Johnson H G. An Economic Theory of Protectionism, Tariff Bargaining, and the Formation of Customs

Unions [J]. Journal of Political Economy, 1965, 73 (3): 256-283.

[38] Johnson H G. The Economic Theory of Customs Union [J]. Pakistan Economic Journal, 1960, 10 (1): 14-32.

[39] Kemp M C. The Pure Theory of International Trade and Investment [M]. London: Prentice-Hall, Englewood Cliffs, 1964.

[40] Kim S, Park I, Park S. A Free Trade Area of the Asia Pacific (FTAAP): Is It Desirable? [J]. Journal of East Asian Economic Integration, 2013, 17 (1): 3-25.

[41] Kindleberger C P. European Integration and the International Corporation [J]. Columbia Journal of World Business, 1966, 1 (1): 65-73.

[42] Kitwiwattanachai A, Nelson D, Reed G. Quantitative Impacts of Alternative East Asia Free Trade Agreement [J]. Economic Modeling, 2012, 29 (3): 766-779.

[43] Kowalczyk C, Wonnacott R J. Hubs and Spokes, and Free Trade in the Americas [R]. NBER Working Paper No. 4198, 1992.

[44] Krugman P R. Increasing Returns, Monopolistic Competition and International Trade [J]. Journal of International Economics, 1979, 9 (4): 469-479.

[45] Lee D, Lim H. Industrial Structure and the Probability of Crisis: Stability is not Resilience [J]. International Journal of Finance and Economics, 2019, 24 (1): 212-226.

[46] Lee H, Itakura K. TPP, RCEP, and Japan's Agricultural Policy Reforms [R]. OSIPP Discussion Paper, DP-2014-E-003, 2014.

[47] Lee J, Han S Y. Intra-Industry Trade and Tariff Rates of Korea and China [J]. China Economic Review, 2008, 19 (4): 697-703.

[48] Lewis M K. The TPP and the RCEP (ASEAN+6) as Potential Paths Toward Deeper Asian Economic Integration [J]. Asian Journal of WTO & International Health and Policy, 2013, 8 (2): 359-378.

[49] Li C D, Whalley J. China and the Trans-Pacific Partnership: A Numerical Simulation Assessment of the Effects Involved [J]. The World Economy, 2014, 37 (2): 169-192.

[50] Li H, Chen J, Wan Z, et al. Spatial Evaluation of Knowledge Spillover Benefits in China's Free Trade Zone Provinces and Cities [J]. Growth and Change, 2020, 51 (3): 1158-1181.

[51] Liao H, Yang L, Ma H, et al. Technology Import, Secondary Innovation, and Industrial Structure Optimization: A Potential Innovation Strategy for China [J]. Pacific Economic Review, 2020, 25 (2): 145-160.

[52] Linder S B. An Essay on Trade and Transformation [M]. London: John Wiley and Sons, 1961.

[53] Linnemann H. An Econometric Study in International Trade Flows [M]. Amsterdam: North-Holland Publishing

Co., 1966.

[54] Lipsey R G, Lancaster K. The General Theory of Second Best [J]. The Review of Economic Studies, 1956-1957, 24 (1): 11-32.

[55] McCallum J. National Borders Matter: Canada-U. S. Regional Trade Patterns [J]. American Economic Review, 1995, 85 (3): 615-623.

[56] Meade J. The Theory of Customs Union [M]. Amsterdam: North-Holland, 1955.

[57] Melitz M. The Impact of Trade on Intra-Industry Reallocations and Aggregate Industry Productivity [J]. Econometrica, 2003, 71 (6): 1695-1725.

[58] Munemo J. Trade between China and South Africa: Prospects of a Successful SACU-China Free Trade Agreement [J]. African Development Review-Revue Africaine De Developpement, 2013, 25 (3): 303-329.

[59] Palmer N D. The New Regionalism in Asia and the Pacific [M]. Lexington: Lexington Books, 1991.

[60] Panagariya A. The Free Trade Area of the American: Good for Latin America? [J]. The World Economy, 1996, 19 (5): 485-515.

[61] Park D, Park I, Estrada G E B. Prospects for ASEAN-China Free Trade Area: A Qualitative and Quantitative Analysis [J] China and World Economy, 2009, 17 (4): 104-120.

[62] Park I. Regional Trade Agreements in East Asia:

Will They Be Sustainable? [J]. Asian Economic Journal, 2009, 23 (2): 169-194.

[63] Petri P A, Plummer M G, Zhai F. The TPP, China and the FTAAP: The Case for Convergence [R]. Social Science Research Network (SSRN) Working Papers Weries, Number of Pages in PDF File: 9, 2014.

[64] Poyhonen P. A Tentative Model For the Flows of Trade Between Countries [J]. Weltwirtschaftliches Archiv, 1963, 90 (1): 93-99.

[65] Quaicoe A, Aboagye A Q Q, Bokpin G A. Assessing the Impact of Export Processing Zones on Economic Growth in Ghana [J]. Research in International Business and Finance, 2017, 42 (12): 1150-1163.

[66] Rodriguez U-P E. Impacts of the Free Trade Area of the Pacific (FTAAP) on Production, Consumption and Trade of the Philippines [R]. Discussion Paper Series, No. 2008-20, 2008.

[67] Scitovsky T. Economic Theory and Western European Integration [M]. Stanford: Stanford University Press, 1958.

[68] Siriwardana M, Yang J M. GTAP Model Analysis of the Economic Effects of an Australia- China FTA: Welfare and Sectoral Aspects [J]. Global Economic, 2008, 37 (3) 341-362.

[69] Soloaga I, Winters A. Regionalism in the Nineties: What Effect on Trade? [J]. North American Journal

of Economics and Finance, 2001, 12 (1): 1-29.

[70] Sun L, Reed M R. Impacts of Free Trade Agreements on Agricultural Trade Creation and Trade Diversion [J]. American Journal of Agricultural Economics, 2010, 92 (5): 1351-1363.

[71] Tadesse B, White R. Does Cultural Distance Hinder Trade in Goods? A Comparative Study of Nine OECD Member Nations [J]. Open Economies Review, 2010, 21 (2): 237-261.

[72] Tinbergen J. International Economic Integration [M]. Amsterdam: Elsevier Publishing Co., 1954.

[73] Tinbergen J. Shaping the World Economy: Suggestion for an International Economic Policy [M]. New York: The Twentieth Century Fund, 1962.

[74] Torrens R. An Essay on the External Corn Trade [M]. London: Hatchard, 1815.

[75] Tumwebaze H K, Ijjo A T. Regional Economic Integration and Economic Growth in the COMESA Region, 1980-2010 [J]. African Development Review, 2015, 27 (1): 67-77.

[76] Vernon R. International Investment and International Trade in the Product Cycle [J]. Quarterly Journal of Economics, 1966, 80 (2): 190-207.

[77] Viner J. The Customs Union Issue [M]. New York: Carnegie Endowment for International Peace, 1950.

[78] Walz U. Growth and Deeper Regional Integration

in a Three-Country Model [J]. Review of International Economics, 1997, 5 (4): 492-507.

[79] Wang Z A. Trade Structure Effects of China-ASEAN Free Trade Area [C]. Proceedings of the 2009 International Conference on Public Economics and Management ICPEM 2009, 7: 264-267.

[80] Wong J, Chan S. China-ASEAN Free Trade Agreement: Shaping Future Economic Relations [J]. Asian Survey, 2003, 43 (3): 507-526.

[81] Yang S P, Martinez-Zarzoso I. A Panel Data Analysis of Trade Creation and Trade Diversion Effects: The Case of ASEAN-China Free Trade Area [J]. China Economic Review, 2014, 29: 138-151.

[82] Yoon Y M, Gong C, Yeo T D. A CGE Analysis of Free Trade Agreements among China, Japan, and Korea [J]. Journal of Korea Trade, 2009, 13 (1): 45-64.

[83] Yücer A, Siroen J M. Trade Performance of Export Processing Zones [J]. The World Economy, 2017, 40 (5): 1012-1038.

[84] Yücer A, Siroen J M. Trade Performance of Export Processing Zones [J]. The World Economy, 2017, 40 (5): 1012-1038.

[85] Zeng K. Multilateral Versus Bilateral and Regional Trade Liberalization: Explaining China's Pursuit of Free Trade Agreements (FTAs) [J]. Journal of Contemporary China, 2010, 19 (66): 635-652.

二、中文文献

[1] 安虎森，刘军辉．中日韩成立自贸区对三国经济福利的影响——基于新经济地理学理论的研究［J］．现代经济探讨，2014（7）：49-54．

[2] 白当伟，陈漓高．北美自由贸易协定成立前后美、加、墨三国经济增长的比较研究［J］．经济评论，2003（5）：103-107．

[3] 保罗·切克奇尼．1992年欧洲的挑战——统一市场带来的利益［M］．张蕴岭，译．北京：社会科学文献出版社，1989．

[4] 彼得·罗布森．国际一体化经济学［M］．戴炳然，等译．上海：上海译文出版社，2001．

[5] 蔡宏波．双边自由贸易协定的理论重构与实证研究［D］．厦门：厦门大学，2009．

[6] 蔡鹏鸿．东亚双边自由贸易区的国际政治经济学分析［J］．当代亚太，2005（3）：3-8．

[7] 曹亮．区域经济一体化的政治经济学分析［M］．北京：中国财政经济出版社，2006．

[8] 曹赟，覃朝勇．自由贸易区政策能否提升试点地区对东盟的贸易开放水平？［J］．广西大学学报（哲学社会科学版），2024（2）：142-154．

[9] 陈凯杰．简评西方关税同盟理论的发展［J］．欧洲，1997（3）：12-16．

[10] 陈可达，杜德斌，张战仁．欧盟一体化与经济增长趋同性研究［J］．经济地理，2011（4）：548-554．

[11] 陈诗一，阴之春．中国建立自由贸易区的动态经济效应分析：长期均衡和短期调整［J］．世界经济与政治论坛，2008（3）：47-57．

[12] 陈淑梅，倪菊华．中国加入"区域全面经济伙伴关系"的经济效应——基于 GTAP 模型的模拟分析［J］．亚太经济，2014（2）：125-133．

[13] 陈淑梅，全毅．TPP、RCEP 谈判与亚太经济一体化进程［J］．亚太经济，2013（2）：3-9．

[14] 陈淑梅．世界经济多极化、贸易红利与经济增长——以美国力主 TPP 和 TAP 谈判为例［J］．现代经济探讨，2013（10）：25-29．

[15] 陈霜华．10＋3 区域经济合作的实证研究［D］．上海：上海财经大学，2003．

[16] 陈万灵，胡耀．自贸区设立的经济效应：基于要素流动和经济增长的分析［J］．国际商务研究，2023（1）：70-86．

[17] 陈雯．中国—东盟自由贸易区的贸易效应研究——基于引力模型"单国模式"的实证分析［J］．国际贸易问题，2009（1）：61-66．

[18] 陈勇．新区域主义评析［J］．财经论丛（浙江财经学院学报），2005（6）：57-63．

[19] 崔奇峰．中国—东盟自由贸易区建立的经济影响分析［D］．南京：南京农业大学，2009．

[20] 戴臻，魏磊．实施 FTA 战略的潜在风险及中国的防范策略［J］．亚太经济，2013（1）：110-114．

[21] 丹尼斯 R．阿普尔亚德，小艾尔弗雷德 J．菲尔

德．国际经济学［M］．3版．龚敏，陈琛，高倩倩，译．北京：机械工业出版社，2001．

［22］东艳．区域经济一体化新模式——"轮轴—辐条"双边主义的理论与实证分析［J］．财经研究，2006（9）：4-18．

［23］董有德，赵星星．自由贸易协定能够促进我国企业的对外直接投资吗——基于跨国公司知识—资本模型的经验研究［J］．国际经贸探索，2014（3）：44-61．

［24］董振华．米德国际经济贸易理论研评［D］．北京：对外经济贸易大学，2006．

［25］樊莹．中国—新西兰自由贸易区的经济效应展望［J］．外交评论（外交学院学报），2005（4）：84-91．

［26］方齐云，方臻旻．国际经济学［M］．大连：东北财经大学出版社，2009．

［27］高鸿业．西方经济学（宏观部分）［M］．3版．北京：中国人民大学出版社，2004．

［28］高鸿业．西方经济学（微观部分）［M］．3版．北京：中国人民大学出版社，2004．

［29］高乐咏，李瑞琴．区域经济一体化对多边自由贸易体制的影响——一个简单的制度经济学解释［J］．经济问题，2007（4）：6-10．

［30］高伟凯．自由贸易与国家利益［M］．北京：中国社会科学出版社，2010．

［31］高占军．詹姆斯·爱德华·米德的生平及主要贡献［J］．世界经济，1996（8）：71-73．

［32］官占奎，于晓燕．国际区域经济一体化进程与中

国[J].东北亚论坛，2011（4）：14-20.

[33]巩胜利.21世纪：美国新战略"三大"规则——TPP、TTIP、PSA之后的全球贸易新规则新秩序的"破立"格局[J].国际金融，2013（5）：30-33.

[34]谷克鉴.国际经济学对引力模型的开发与应用[J].世界经济，2001（2）：14-25.

[35]谷源洋，郝忠胜.区域经济一体化的理性选择——建立自由贸易区及其相关理论问题[J].财经问题研究，2004（2）：39-44.

[36]海闻，P.林德特，王新奎.国际贸易[M].上海：格致出版社和上海人民出版社，2003.

[37]何力.TPP与中国的经济一体化法动向和对策[J].政法论丛，2011（3）：26-33.

[38]胡朝霞.两岸三地贸易关系的实证研究——基于变系数面板数据引力模型的分析[J].中国经济问题，2010（6）：64-71.

[39]胡渊，杨勇.多边化区域主义背景下中韩自贸区前景分析[J].亚太经济，2014（2）：147-151.

[40]黄建忠，占芬.区域服务贸易协定的收敛研究——对"绊脚石"与"垫脚石"问题的一个观察[J].厦门大学学报（哲学社会科学版），2014（1）：127-137.

[41]黄鹏，汪建新.对中国潜在自贸区伙伴的选择战略研究[J].国际贸易，2009（10）：18-21.

[42]黄鹏，汪建新.中韩FTA的效应及谈判可选方案——基于GTAP模型的分析[J].世界经济研究，2010（6）：81-86.

[43] 黄卫平. 中国加入区域经济一体化研究 [M]. 北京：经济科学出版社，2009.

[44] 黄粤，周磊. 区域经济一体化过程中的"轮轴—辐条"结构研究 [J]. 长春大学学报，2009（7）：8-11.

[45] 姜书竹，张旭昆. 东盟贸易效应的引力模型 [J]. 数量经济技术经济研究，2003（10）：53-57.

[46] 蒋冠，霍强. 中国—东盟自由贸易区贸易创造效应及贸易潜力——基于引力模型面板数据的实证分析 [J]. 当代经济管理，2015（2）：60-67.

[47] 金林. 基于面板单位根方法的经济增长收敛性检验 [J]. 重庆工商大学学报（自然科学版），2012（10）：22-29.

[48] 阚大学，罗良文. 文化差异与我国对外贸易流量的实证研究——基于贸易引力模型 [J]. 中央财经大学学报，2011（7）：77-83.

[49] 匡增杰. 中日韩自贸区的贸易效应研究 [D]. 上海：上海社会科学院，2014.

[50] 赖明勇，李镜池. 减免东盟农产品进口关税对中国宏观经济和产业影响的可计算一般均衡分析 [J]. 当代财经，2007（4）：98-104.

[51] 赖明勇，许和连，包群. 出口贸易与经济增长 [M]. 上海：上海三联书店，2003.

[52] 兰天. 北美自由贸易区经济效应研究 [D]. 长春：吉林大学，2011.

[53] 郎永峰. 区域贸易协定、FDI与内生经济增长——中国—东盟FTA的经验证据 [J]. 国际商务研究，2010

(1)：48-55.

[54] 李东红．中国—东盟自由贸易区的贸易与投资效应 [J]．学术探索，2004（10）：36-38.

[55] 李明权，韩春花．中日韩农产品产业内贸易实证分析——兼论对三国 FTA 的影响 [J]．农村经济，2010（6）：126-129.

[56] 李荣林，鲁晓东．中日韩自由贸易区的贸易流量和福利效应分析：一个局部均衡的校准方法 [J]．数量经济技术经济研究，2006（11）：69-77.

[57] 李荣林，赵滨元．中国当前 FTA 贸易效应分析与比较 [J]．亚太经济，2012（3）：110-114.

[58] 李锐，张秀娥，孙明远．关税同盟理论 [N]．国际商报，2010-04-13.

[59] 李文韬．东盟参与"TPP 轨道"合作面临的机遇、挑战及战略选择 [J]．亚太经济，2012（4）：27-32.

[60] 李向阳．新区域主义与大国战略 [J]．国际经济评论，2003（4）：5-9.

[61] 李欣广．区域经济一体化之下的经济互动与产业对接 [M]．成都：四川大学出版社，2008.

[62] 李秀娥，孔庆峰．中国与南部非洲关税同盟建立自由贸易区的经济效应——基于 GTAP 的模拟分析 [J]．商业经济与管理，2013（7）：65-72.

[63] 李艳丽．中国自由贸易区战略的政治经济研究 [M]．北京：中国经济出版社，2012.

[64] 李志鹏．中国建设自由贸易园区内涵和发展模式探索 [J]．国际贸易，2013（7）：4-7.

[65] 廉晓梅. 论区域经济一体化对经济全球化的促进作用 [J]. 东北亚论坛, 2003 (5): 17-21.

[66] 梁双陆, 刘林龙, 崔庆波. 自贸区的成立能否推动区域产业结构转型升级? ——基于国际数据的合成控制法研究 [J]. 当代经济管理, 2020 (8): 36-46.

[67] 刘柏. TPP 冲击下亚太新秩序整合的中国对策 [J]. 东北亚论坛, 2014 (2): 40-49.

[68] 刘冰, 陈淑梅. RCEP 框架下降低技术性贸易壁垒的经济效应研究——基于 GTAP 模型的实证分析 [J]. 国际贸易问题, 2014 (6): 91-98.

[69] 刘昌黎. TPP 的内容、特点与日本参加的难题 [J]. 东北亚论坛, 2011 (3): 12-19.

[70] 刘昌黎. 泛太平洋战略经济伙伴关系协定的发展与困境 [J]. 国际贸易, 2011 (1): 38-44.

[71] 刘晨阳. 日本参与 TPP 的政治经济分析 [J]. 亚太经济, 2012 (4): 22-26.

[72] 刘海洋, 邵建春. 基于 VAR 模型的中澳双边贸易之经济增长效应研究 [J]. 统计教育, 2009 (3): 3-7.

[73] 刘厚俊, 王丹利. 自由贸易区促进经济增长的再认识 [J]. 国际商务 (对外经济贸易大学学报), 2010 (4): 33-38.

[74] 刘金山, 黄智立. 区域贸易协定对经济全球化是推还是阻? ——来自中国对外贸易的证据 [J]. 产经评论, 2013 (4): 94-102.

[75] 刘巍, 陈昭. 计量经济学软件 EViews 6.0 建模方法与操作技巧 [M]. 北京: 机械工业出版社, 2011.

[76] 刘文革，王文晓．建立金砖自贸区可行性及经济效应分析［J］．国际经贸探索，2014（6）：80-91．

[77] 刘翔峰．关于中日韩自由贸易区的几点思考［J］．当代亚太，2004（7）：42-45．

[78] 刘晓喆．米德冲突：国际经验与中国面临的难题［D］．上海：上海社会科学院，2008．

[79] 刘志彪．利用全球智慧锻造国际竞争新优势［N］．人民日报，2015-04-09．

[80] 刘志彪．在新一轮高水平对外开放中实施创新驱动战略［J］．南京大学学报（哲学·人文科学·社会科学），2015（2）：17-24．

[81] 刘中伟，沈家文．跨太平洋伙伴关系协议（TPP）：研究前沿与架构［J］．当代亚太，2012（1）：36-59．

[82] 陆建人．美国加入TPP的动因分析［J］．国际贸易问题，2011（1）：43-52．

[83] 罗黎明，刘东旭．关税同盟理论研究综述［J］．合作经济与科技，2013（5）：88-89．

[84] 罗先云．论区域自由贸易协定中优惠原产地规则对国际直接投资流向的影响［J］．河南财经政法大学学报，2014（6）：116-120．

[85] 马丁，杨燕．设立中国（上海）自贸区加速保税区改革［J］．宏观经济管理，2013（11）：64-65．

[86] 毛新雅，王桂新．长江三角洲地区外商直接投资的资本形成及经济增长效应：基于面板数据的研究［J］．世界经济研究，2006（1）：65-71．

[87] 孟夏．中国参与区域经济合作的政治经济分

析[J].南开学报(哲学社会科学版),2010(4):81-92.

[88] 苗长虹,樊杰,张文忠.西方经济地理学区域研究的新视角——论"新区域主义"的兴起[J].经济地理,2002(6):644-650.

[89] 穆勒.政治经济学原理及其在社会哲学上的若干应用[M].胡企林,朱泱,译.北京:商务印书馆,1991.

[90] 欧建峰.跨区域国际经济合作及中国的对策[J].国际经济与合作,2013(5):40-41.

[91] 潘安,魏龙.制度距离对中国稀土出口贸易的影响——基于18个国家和地区贸易数据的引力模型分析[J].国际贸易问题,2013(4):96-104.

[92] 裴武威.关税同盟理论述评[J].经济评论,1993(3):34-39.

[93] 彭支伟,张伯伟.TPP和亚太自由贸易区的经济效应及中国的对策[J].国际贸易问题,2013(4):83-94.

[94] 齐玮.我国汽车制造业的贸易流量与出口潜力:基于引力模型的分析[J].国际贸易问题,2013(1):78-86.

[95] 钱进.中国为"轮轴"的亚太自贸区贸易增长效应研究——基于扩展引力模型[J].国际商务研究,2019(1):51-59+68.

[96] 邱晓丹.建立中国—澳大利亚自由贸易区的贸易基础和效应研究[D].厦门:厦门大学,2008.

[97] 盛斌,廖明中.中国的贸易流量与出口潜力:引力模型的研究[J].世界经济,2004(2):3-12.

[98] 盛斌. 美国视角下的亚太区域一体化新战略与中国的对策选择 [J]. 南开学报（哲学社会科学版），2010（4）：70-80.

[99] 盛斌. 亚太区域合作的新动向：来自竞争性构想的洞察 [J]. 国际经济评论，2010（3）：122-139.

[100] 盛斌. 亚太自由贸易区的政治经济分析：中国视角 [J]. 世界经济与政治，2007（3）：62-71.

[101] 史朝兴，顾海英. 贸易引力模型研究新进展及其在中国的应用 [J]. 财贸研究，2005（3）：27-32.

[102] 史智宇. 中国东盟自由贸易区贸易效应的实证研究 [D]. 上海：复旦大学，2004.

[103] 宋方涛. 全球商业革命下的瀑布效应与虹吸效应——应用于对泛珠江三角洲和台湾区域经济分工与协作的初步分析 [J]. 国际经贸探索，2009（11）：64-69.

[104] 宋晶恩. 基于贸易引力模型的中韩自由贸易协定研究 [J]. 当代经济研究，2011（5）：81-85.

[105] 宋岩. 关税同盟福利效应 [M]. 北京：经济管理出版社，2007.

[106] 孙丽朝，陶凤. 第二批自贸区明年下半年挂牌，各地亮主打牌争有限名额 [EB/OL]. (2013-12-10) [2014-1-1]. http://www.nbd.com.cn/articles/2013-12-10/793736.html.

[107] 孙艳君. 世界区域贸易协定（RTA）的发展及我国的战略调整 [D]. 天津：天津财经大学，2007.

[108] 孙永. 韩国加速推进FTA战略 [J]. 学习与探索，2007（4）：172-174.

[109] 孙玉红. 双重比较优势与竞争型FTA的获益者

和受损者——CAFTA 的启动与双方的利益分配 [J]. 世界经济研究, 2006 (1): 17-22.

[110] 汤碧. 两种区域经济一体化发展趋势比较研究 [M]. 北京: 中国财政经济出版社, 2004.

[111] 田海. TPP 背景下中国的选择策略思考——基于与 APEC 比较的分析 [J]. 亚太经济, 2012 (4): 16-21.

[112] 佟家栋, 张焦伟, 曹吉云. FTA 外商直接投资效应的实证研究 [J]. 南开学报 (哲学社会科学版), 2010 (3): 86-92.

[113] 涂志玲. 从 NAFTA 十年成效看南北型区域经济合作 [J]. 世界经济与政治论坛, 2005 (4): 7-12.

[114] 万璐. 美国 TPP 战略的经济效应研究——基于 GTAP 模拟的分析 [J]. 当代亚太, 2011 (4): 60-73.

[115] 王德培. 自贸区: 撬动市场经济格局的支点 [J]. 国际市场, 2013 (6): 26-28.

[116] 王磊. 中国—东盟自由贸易区贸易效应分析 [J]. 南京农业大学学报 (社会科学版), 2004 (4): 49-55.

[117] 王林生. 诺贝尔经济学奖金获得者米德的国际贸易理论述评 (上) [J]. 广州对外贸易学院学报, 1985 (1): 6-13.

[118] 王林生. 诺贝尔经济学奖金获得者米德的国际贸易理论述评 (下) [J]. 广州对外贸易学院学报, 1985 (2): 9-13.

[119] 王微微. 区域经济一体化的经济增长效应及模式选择研究 [D]. 北京: 对外经济贸易大学, 2007.

[120] 王晓轩, 王建喜. 次优理论探析及其应用

[J].新疆财经学院学报，2005（1）：8-11.

[121] 王永昆.相互需求论（一）——西方国际贸易理论介评第三讲[J].国际贸易，1987（3）：53-55.

[122] 魏巍.中韩自由贸易区的可行性及预期经济效应研究[D].济南：山东大学，2008.

[123] 魏一豪，吴国蔚.中韩FTA投资效应研究[J].价格月刊，2010（8）：86-88.

[124] 吴彬.典型区域经济一体化组织经济增长收敛性研究[D].长沙：中南大学，2008.

[125] 吴朝阳.协调博弈视角下自贸区合作福利优化问题研究[J].河北经贸大学学报，2008（6）：80-86.

[126] 吴大新.中国如何获取国际经济规则制定权？——来自欧盟、美国的经验与启示[J].山东社会科学，2013（3）：140-144.

[127] 吴汉洪.次优理论述评[J].学术论坛，2002（1）：74-76.

[128] 吴敏.全球经济一体化与区域经济一体化的冲突与协调——兼评GATT/WTO体制下区域经济一体化的法律制度[J].华东师范大学学报（哲学社会科学版），2008（2）：51-55.

[129] 伍贻康，周建平.区域性国际经济一体化的比较[M].北京：经济科学出版社，1994.

[130] 希克斯，进文.米德著：《新古典派经济增长论》[J].现代外国哲学社会科学文摘，1963（1）：32-33.

[131] 夏杰长，马胜杰，朱恒鹏.国际经济学[M].北京：中国城市出版社，2001.

[132] 肖灿夫, 舒元, 李江涛. 欧洲经济一体化、区域差距与经济趋同 [J]. 国际贸易问题, 2008 (11): 43-49.

[133] 小岛清. 对外贸易论 [M]. 周宝廉, 译. 天津: 南开大学出版社, 1987.

[134] 谢孟军, 王立勇. 经济制度质量对中国出口贸易影响的实证研究——基于改进引力模型的36国(地区)面板数据分析 [J]. 财贸研究, 2013 (3): 77-83.

[135] 谢锐, 赖明勇. 中国自由贸易区建设: 演化历程、特点与趋势 [J]. 国际经贸探索, 2009 (4): 35-40.

[136] 熊芳, 刘德学. 中国自由贸易区建设的战略——基于面板数据的实证分析 [J]. 国际经贸探索, 2012 (1): 4-11.

[137] 徐春祥. 推进中日韩自贸区建设是中国在亚洲唯一区域战略选择 [J]. 东北亚论坛, 2014 (3): 73-83.

[138] 徐康宁. 中国经济持续增长的动力来源 [J]. 金融纵横, 2013 (5): 4-8.

[139] 许宁宁. RCEP: 东盟主导的区域全面经济伙伴关系 [J]. 东南亚纵横, 2012 (10): 35-38.

[140] 雅克·丁·波拉克. APEC是自然的区域贸易集团吗?——对国际贸易"引力模式"的评论 [J]. 郭雅欣, 张超, 译. 经济资料译丛, 1999 (2): 68-73.

[141] 杨军红. 中国双边自由贸易区发展研究 [D]. 福州: 福建师范大学, 2010.

[142] 杨立强, 鲁淑. TPP与中日韩FTA经济影响的GTAP模拟分析 [J]. 东北亚论坛, 2013 (4): 39-47.

[143] 杨勇, 张彬. 南南型区域经济一体化的增长效

应——来自非洲的证据及对中国的启示［J］．问题，2011（11）：95-105．

［144］杨正位．中国对外贸易与经济增长［M］．北京：中国人民大学出版社，2006．

［145］杨志敏．墨西哥加入北美自由贸易协定10年历程评价［J］．拉丁美洲研究，2004（4）：26-32．

［146］叶辅靖．中国东盟自由贸易区的经济影响和应对策略［J］．改革，2003（5）：82-91．

［147］易丹辉．数据分析与EViews应用［M］．北京：中国人民大学出版社，2008．

［148］尹华，吴彬．区域经济一体化经济增长收敛性的实证研究［J］．财务与金融，2008（5）：16-19．

［149］于翠萍．自由贸易协定的福利效应研究［D］．南京：东南大学，2006．

［150］余振，陈继勇，邱珊．中国—俄罗斯FTA的贸易、关税及福利效应——基于WITS-SMART的模拟分析［J］．华东经济管理，2014（6）：63-68．

［151］余振，沈铭辉，王琼．论中国—印度FTA的贸易基础与经济效应——基于贸易流的实证分析［J］．南亚研究，2014（2）：12-27．

［152］岳文，陈飞翔．积极加速我国自由贸易区的建设步伐［J］．经济学家，2014（1）：40-47．

［153］张彬，王胜，余振．国际经济一体化福利效应——基于发展中国家视角的比较研究［M］．北京：社会科学文献出版社，2009．

［154］张彬．国际区域经济一体化比较研究［M］．北

京：人民出版社，2010.

[155] 张帆.建立中国—东盟自由贸易区贸易与投资效应分析 [J].国际经贸探索，2002（5）：63-66.

[156] 张海森.资本内生化条件下建立中澳自由贸易区对世界经济的影响 [J].国际贸易问题，2008（8）：62-66.

[157] 张鸿.关于中国实施自由贸易区战略的思考 [J].国际贸易，2009（3）：14-19.

[158] 张环：东盟国家加快经济转型与结构调整 [EB/OL].（2012-09-13）[2012-11-10]. http://www.financial-news.com.cn/gj/hqcj/201209/t20120913_16268.html.

[159] 张焦伟.FTA 的经济效应与我国伙伴选择策略研究 [D].天津：南开大学，2009.

[160] 张杰，古斯达·克里斯坦森.引力模型在国际贸易理论中的发展和应用——兼论欧共体与其他国家（地区）的贸易 [J].国际贸易问题，1996（1）：29-35.

[161] 张静.北美自由贸易协定对墨西哥经济发展的影响 [D].大连：东北财经大学，2005.

[162] 张军，闫东升，冯宗宪，等.自由贸易区的经济增长效应研究——基于双重差分空间自回归模型的动态分析 [J].经济经纬，2019（4）：71-77.

[163] 张梅."区域全面经济伙伴关系"主要看点及与"跨太平洋伙伴关系协定"的比较 [J].国际论坛，2013（6）：48-53.

[164] 张明哲.20 世纪 90 年代以来欧洲经济增长研究 [D].北京：中国社会科学院研究生院，2010.

[165] 张楠. 服务贸易自由化的经济增长效应研究：日本案例 [D]. 沈阳：辽宁大学，2011.

[166] 张天桂. 欧盟、北美 FTA 和中国—东盟 FTA 运行机制比较 [J]. 亚太经济，2008 (2)：109-113.

[167] 张伟. 关税同盟理论介评 [J]. 思想战线，1998 (S1)：11-14.

[168] 张向晨. 意大利面条与自由贸易协定 [J]. WTO 经济导刊，2004 (12)：5.

[169] 张欣. 我国价格贸易条件冲击的经济增长效应研究 [D]. 沈阳：辽宁大学，2012.

[170] 张学良. 国外新区域主义研究综述 [J]. 外国经济与管理，2005 (5)：16-20.

[171] 张义明. 新区域主义与中国的自由贸易区战略 [J]. 复旦国际关系评论，2009 (1)：230-244.

[172] 赵海英. 论 NAFTA 对加拿大的影响 [J]. 内蒙古大学学报（哲学社会科学版），2012 (2)：43-46.

[173] 赵金龙，程轩，高钟焕. 中日韩 FTA 的潜在经济影响研究——基于动态递归式 CGE 模型的研究 [J]. 国际贸易问题，2013 (2)：60-69.

[174] 赵金龙. 美国 TPP 战略的动机及其对东北亚经济一体化的影响研究 [J]. 东北亚论坛，2012 (6)：18-26.

[175] 赵瑾. 中国—加拿大建立 FTA 的经济效应分析 [D]. 青岛：中国海洋大学，2013.

[176] 赵亮，陈淑梅，陈敏. 广域一体化趋势下区域全面经济伙伴关系发展研究 [J]. 国际贸易，2013 (5)：

54-60.

[177] 赵亮,陈淑梅. 经济增长的"自贸区驱动"——基于中韩自贸区、中日韩自贸区与 RCEP 的比较研究 [J]. 经济评论, 2015 (1): 92-102.

[178] 赵亮,陈淑梅. 自贸区驱动经济增长: 思想演进及作用机制探究 [J]. 贵州社会科学, 2016 (9): 135-141.

[179] 赵亮,穆月英. 东亚 FTA 的关税效应对我国农业影响的研究——基于 CGE 模型的分析 [J]. 国际经贸探索, 2013 (7): 36-48.

[180] 赵亮. "自贸区驱动"能否驱动中国经济增长?——基于贸易福利视角的理论机制与实证论证 [J]. 经济与管理研究, 2017 (4): 16-24.

[181] 赵亮. 我国周边自贸区驱动经济增长效应探究 [J]. 亚太经济, 2014 (6): 21-26.

[182] 赵亮. 我国自贸区发展及其对经济增长的驱动研究 [J]. 上海经济研究, 2016 (12): 36-43.

[183] 赵亮. 我国自贸区驱动经济增长的实证模拟——基于对经济增长"创新驱动"的思考 [J]. 上海财经大学学报, 2017 (4): 28-40.

[184] 赵世璐. 试析区域贸易协定的现状及发展趋势 [J]. 海关法评论, 2013 (1): 309-329.

[185] 赵维田. 世贸组织 (WTO) 的法律制度 [M]. 长春: 吉林人民出版社, 2000.

[186] 赵亚南. 基于贸易效应视角的美国 TPP 发展前景研究 [D]. 沈阳: 辽宁大学, 2014.

[187] 郑晶. 区域经济一体化的经济增长效应研究 [D]. 天津：南开大学，2009.

[188] 郑文，于柳娟. 建立中国—孟加拉国自贸区的经济效应研究 [J]. 南亚研究季刊，2024（1）：76-103+158.

[189] 郑先武."新区域主义"的核心特征 [J]. 国际观察，2007（5）：58-64.

[190] 郑先武. 区域研究的新路径："新区域主义方法"述评 [J]. 国际观察，2004（4）：65-73.

[191] 佚名. 中国拟推 RCEP 回应美国 TPP [EB/OL]. （2012-11-16）[2012-11-25]. http：//www.rongzicn.com/index.php/zhuanlan/news/id/36643/pages/1.

[193] 中国商务部. 2014 年将重点开展周边自贸区谈判 [EB/OL]. （2014-2-18）[2014-2-22]. http：//finance.chinanews.com/cj/2014/02-18/5851361.shtml.

[194] 钟木达. 福建海沧保税港区向自由贸易园区转型研究 [J]. 亚太经济，2009（2）：102-106.

[195] 仲伟东. 外媒称中国拟推新自贸协定回应美 TPP 压力 [EB/OL]. （2012-11-06）[2012-11-10]. http：//www.cqcb.com/cbnews/gngjnews/2012-11-06/1873530.html.

[196] 朱彤，万志宏. 于晓燕. 国际经济学 [M]. 武汉：武汉大学出版社，2010.

[197] 朱颖. 美韩经贸关系及双边 FTA 的前景分析 [J]. 世界经济研究，2006（4）：47-51.

[198] 朱颖. 试论中国—澳大利亚自由贸易区的经济效应 [J]. 国际论坛，2005（6）：47-51.